ちくま文庫

韓くに文化ノオト

美しきことばと暮らしを知る

小倉紀蔵

筑摩書房

韓くに文化ノオト　目次

I

韓くに文化ノオト

本書は、『韓国語はじめの一歩』（ちくま新書、二〇〇〇年）を大幅に改訂し、文庫化したものである。いくつか例外はあるが、基本的に「Ⅰ」が元の本にあたり、「Ⅱ」が増補部となる。

・本書で「韓《から》くに」というのは、過去から現在の朝鮮半島を総称したことばである。特に王朝名や国名を明示すべきときには、「朝鮮王朝」とか「韓国」（大韓民国のこと）、「北朝鮮」（朝鮮民主主義人民共和国のこと）などと表記した。

・「韓《から》くにことば」というのは、歴史上、および現在、朝鮮半島で使われて来た（使われている）言語を総称したものであり、一般には「韓国語」「朝鮮語」などと呼ばれているもののことである。同じく、「韓《から》くにびと」というのは一般に「韓国人」とか「朝鮮人」などと呼ばれるひとびとのことである。

・引用した韓くにことばの文学作品は、旧かなづかいで翻訳した。そのほうが、もとの作品の雰囲気をよく表わすことができると信じるからである。これらの文学作品の翻訳は小倉の手になるものであるが、中に二、三、先達の名訳を借りたものがある。その際、翻訳者の名を明記した。ただしかなづかいのみ、旧かなに変えさせていただいた。

・日本語引用文の原文にルビが振っていないものにも、適宜ルビを振った。

・ソウル、ハングルなど、日本語として定着しているものは小書き文字にしていない。

I

プロローグ

旅のはじまり

かつて、汽車に乗って、野の花の咲き乱れる平原の真ん中を走っていたことがあるが、そのときわたしはまだ、生まれていなかった。

秋の初めの頃だった。汽車は百年に一里進むかという速度でもどかしくも駈けていた。

黄金《きん》色の稲穂の海を越えると、そこは橙《だいだい》色の花の海であった。コスモスの海。放課後の子どもたちが、花咲き満ちる学校の庭から駈け出して来る。

空いちめんに透明な青い虫が飛んでいた。その虫の名を尋《き》くと、わたしの隣りに座っていた婦人は眩しそうに窓から外を見、「チャムジャリ」と答えた。そのほか「メットゥギ」や「ナビ」などといった幻想的な名を持つ昆虫たちが、ゆったりとまどろむかのように空を飛び交っているのだった。

巨大な盥《たらい》を顱頂《ろちょう》に載せ、ファッションショーのモデルのように周囲をゆっくり見渡しながら歩くおばあさん。大きな木の翳《かげ》に集まって、話をしているかなにかを考えこんでいるおじいさん。体毛がベルベットのような感じの牛が燦爛《さんらん》たる田の面《も》のあいだを歩く。その牛が曳く車には、ひとりのおばあさんが、もう四百年もその牛に曳かれっぱなしであるかのようにちょこなんと、座っている。

満々たる大河が、音もなく流れる。

かなたに山がひとつ、麦藁《むぎわら》帽子のように浮かんでいた。婦人にその山の名を尋ねたが、婦人はなんと答えたのか。

わたしの記憶はない。

その山の名を憶えていれば、そのときわたしを乗せた汽車がどこを走っていたのか、わかったはずなのに。婦人はたしかにある山の名を発音した。そしてわたしの顔を覗きこむようにして、「美しい山でしょう」といった。その声が美しかったのを記憶している。そして婦人の白い服が風を含んで涼やかに揺れていたのを。

空は果てしなく青く、世界は光りに満ちあふれていた。光りはものみなを硬質な輪郭に分かち、ひとびとの声はすべて乾いていた。汽車はどこに向かっているのか、わたしは知らなかった。しかしわたしは汽車の行く先を婦人に尋ねることを憚《はばか》った。なぜかは知らない。行く先も知らずに汽車に飛び乗ったことを、婦人に笑われはすまいかと思ったのかもしれない。

汽車は花の野を駈け続けた。どれだけ永い時間が経ったのか。知らぬ。そしてわたしはこの世にまだ、生まれていなかった。

まだ生まれていないにもかかわらず、すでにわたしは二十歳ほどにはなっているようであった。

わたしは鞄から本を取り出した。表紙を見ると、ダヌンツィオの名が黄金《きん》文字で記されてあった。ダヌンツィオ？　なぜまたダヌンツィオなのだ？　そのような疑問を心の片隅に抱きつつ、その疑心を婦人に気づかれまいとわたしは、午後の光りを横顔にたっぷりと浴びながら、おもむろにダヌンツィオの小説を読み始めた。

本の古いページがかさかさと音を立てていた。だいぶ時間が経ったような気がした。あるいは時間はほとんど経っていなかったのか。

知らぬ。

気づくと、婦人が席を立ちながら、わたしに軽く微笑みを投げているのだった。

駅がこちらに走って来るのが見えた。

「お降りになるのですか」

「ええ」

すると、なにかかなり昔からそう決まっていでもしたかのように、わたしは落ち着いて立ち上がりながら、鞄を抱えた。

「あなたもお降りですか」

「ええ」

わたしは古典劇の古典的な台詞をいうかのように、すらすらと「ええ」と返事をする自分に驚いていたが、わたしの足はすでに出口の方へと歩き始めていた。

そのときである。

「あなた、ここで降りてはいけませんわ」

婦人が青い光りを浴びつつそういったのである。

「え？」

わたしは聞き返した。婦人がなにをいっているのか、わからなかった。

「あなた、一体あなたが生きているかどうか、誰がわかるというの？」

そういうと婦人はくるりと背を向け、駅に降りて行ってしまった。わたしは魔法にかけられたかのごとく、その場を動けず、走り出す汽車に乗せられたまま、原野を駈け続ける境遇とはなったのである。

……その後どれほど旅を続けたのか知らぬが、季節はやがて冬にはいっているようであった。冬の冷たい夜、わたしは店から店へと流浪していた。風がわたしを飛ばした。夜には獣が啼《な》く。山の獣、川の獣の啼く音を聞きつつ、わたしはさすらい、そしていつの間にか季節はめぐって春になり、砂の混じった風が吹きすさび、夏になり、犬買いの男たちがやって来、秋となり冬となり春となり夏となった。その季節の回転のうちに、いつしかわたしは生まれていたのであろう。ただし、この半島の月の下ではなく、海を越えた島の国にて。

……このような、夢をよく、見た。

否、それは夢ではなく、うつつの事だったのやもしれぬ。かつて、ソウルと呼ばれる京《みやこ》に住んでいるとき、わたしをしばしば襲った想念なのだった。

襟を立てて果物屋や精米所の前を足早に通り過ぎるとき、市場の迷路を水のように流れながら一気に駈け抜けるとき、夜更けの窓から遠くの操車場の音声を聞くとき……そのような瞬間瞬間に、先の想念は唐突にわたしを覆うのであった。

わたしは歴史をどうしようというのだったろう。夕暮れのひと混みに埋没した襟立ての男がひとり、この大地で、いかにして歴史をねじろうというのだったろう。その想念が、切迫したわたしの心情と同様に、切迫したこの京の歴史の罅割《ひびわ》れをも、隠蔽《いんぺい》できるとでも思ったというのか。

〈ねじれ〉。

それはソウル駅に初めて立ったときから、わたしを襲ったのである。はじめの一歩から、わたしはすでに歴史を平坦に生きることができない体となってしまったのやもしれぬ。

土曜日の夜のソウル駅前広場。はるか釜山《プサン》や光州《クアンジュ》など全国を結ぶ鉄道網の原点である。大日本帝国がこの駅（当初の名は「南大門駅」）を拠点とし、韓くに全土に亙《わた》る鉄道網を建設開始してから、八十年以上が経っていた。

ソウル駅前は、アナーキーだった。日本の東京駅に酷似した荘厳なるソウル駅。併合植民地時代の記念碑的建築物であるその建物の下に、列車を待つひとびとが屯《たむろ》している。

国防色の軍服の軍人たち、伝統的韓くに服の年寄りたち、登山姿の大学生たち、流行遅れのシルエットの背広と薄羽《うすば》蜉蝣《かげろう》の翅《はね》のような伝統的女服を着た新婚の夫婦……それらのひとびとが蝟集《いしゅう》し蠟人形のように佇《たたず》み、広場は極めてアナーキーな雰囲気に包まれている。

革命前夜のような。併合植民地からの独立をめざす抗日運動勃発前夜のような。

自らが光りを発して白じらと浮かび上がるソウル駅舎。その最も高いところに巨大な丸い旧式の時計が嵌《は》め込まれ、不気味な光りをぼんやりと反映している。大日本帝国時代の火照りを残し持っているかのようなその光りに薄く照らされ、無数の韓くにの民が広場に浮かんでいる。

四十年前までは、このひとびとおよびその先祖たちが「朝鮮人」と呼ばれ、大日本帝国に支配される民であったのだ。

わたしはたちまちにして四十年前に時空移動したかのように錯覚する。

わたしがたしかにここにいた。ここにいて、夜の底から湧き上がるような韓くにのことばを聞いていたのだ。

……この感覚は強烈なる、〈ねじれ〉であった。

思えば、韓くにのことばを学ぶというのは、わたしにとって、この〈ねじれ〉の意味を知るための行ないなのに違いなかった。わたしは、もう長いこと旅をしたようだった。どのくらいの距離を移動したのか。

知らぬ。

一九八〇年代のわたしの日記には、次のような光景が記されてある。

タクシードライバーが突然なにかのことばをうなり始める。

「ワタクシドモハダイニッポンデーコクノシンミンデアッリマス」

どこかで聞いたことのあるようなないようなことばだ。

「ワタクシドモハニンクダンレンシテリッパナチュヨイコオックミントナリマッス」

そのタクシードライバーの父がいつも歌っていた歌だという。

ここは釜山という街だった。

タクシードライバーが「コーゴクシンミンノセーシ」をうなりながらわたしを連れて行ったところは、海岸に瀕した寂しい町であった。夏には海水浴場として殷賑《いんしん》を極めるという。

見ると、防波堤の上には、小さな茶室ほどの大きさのビニールの家がびっしりと並んでいる。巨大な光る虫のように息づくその小さな家々はなにか。酒場である。色とりどりの刺身、酒、歌が備えられた屋台、ビニールのバーである。

あるビニール・バーにはいってわたしが酒を飲んでいると、ひとりの老人が話しかけて来る。

「日本のすめらみことは、このごろ、いかがですかね」

とその老人は声を密めていう。

「大日本帝国の総督府が壊滅したときの光景を、いまでもちゃんと憶えておりますよ」

大戦争に惨憺たる敗北を喫し滅びた大日本帝国。その併合植民地支配の牙城であった総督府の建物は、実はまだこの国の京《みやこ》のど真ん中に聳《そび》えているのだったが、老人の記憶の中では、それは何十年も前に赤い炎とともに燃えあがったのであった。

そして帝国の壊滅とともに、韓くにで力を誇っていた日本のことばも消えたのであったか。総督府が燃える熾盛《しじょう》な炎はすでに「akai」のではなかったのか。それはすでに韓くにのことばの「赤い」という意味の発音通り、「ppalgan」な炎なのであったか。

しかしこの老人はいま、わたしの耳もとで、大日本帝国の思い出を正確な日本語で物語っているのだった。

隣りのビニール・バーでカラオケを歌っていた男が、突然わたしに尋ねる。

「もしもし、アマホコイとは、なんですか」

真剣な問いだった。

「一体全体それは食べるものですか乗るものですか」

この国では日本の歌は全面的に禁止されているなかで、なぜかひとつだけ、もう大変以前の歌だが、ひろく知られ歌われている歌があった。それは夜の韓くにに流れ、キラキラとあからさまに寂しい。『ブルーライト・アマホコイ』という。「マチノアッカリガトテモキレイネアマホコイ、ブルーライトアマーホコーイ」男は顔を歪め感情をしぼり出してその歌を歌う。この歌の詞の意味はわからぬが、なにか途方もなく悲しい歌である、そうに違いないという共同幻想が、男の声を明らかに支配していた。

amahokoyとはなにか。それは大いなる謎である。誰もがそれはなにかと問う。しかし問いはやがて夜深い酔いの底に沈み、忘れられてしまう。そしてまた別の夜が来て、再び酔いが始まり、「amahokoyとはなにか」という問いが思い出され、繰り返されるのだ。

やるせない喇叭《らっぱ》と電気の太鼓とが今夜もだしぬけに鳴り出し、『ブルーライト・アマホコイ』が人工の蛍のように韓くにの夜に舞うだろう。路上で独楽《こま》のようにきりきりと回転しながら、歌に溺れて男が泣くだろう。

……こういう瞬間、わたしは、〈ねじれ〉を全身で感じて痛みは肩や目を襲うのだった。「すめらみこと」や「アマホコイ」などという名詞に、「akai」や「ppalgan」などという形容詞に、「ワタクシドモ」などという代名詞に、それらの〈ねじれ〉はことごとく宿っているのだった。

そしてわたしの旅は、いつしか十数年を過ぎていた。

これから語るのは、わたしの旅を通して得た、どこまでも美しい韓くにとそのことばの世界である。

一九九九年十二月

小倉紀蔵

第一章

ハングルという文字

韓くにのことばに接するとき、まず、あのおもしろい文字のかたちにめまいがします。
○や□や棒の表面と背後に、一体どんな音と意味が宿り隠されているのか。
初めはただひたすら無機質な記号と見えたハングルが、慣れるにしたがい、大変ゆたかな音と意味のかたまりとして立ち現われて来るのです。

ハングルには、古代からの韓くにことばが隠し込まれていると同時に、実は、古代からの日本のことばも少なからず隠し込まれています。

たとえば動物の「くま」。韓くにでは「コム」といいます。

「わだつみ」の「わだ」。「海」という意味ですが、韓くにでは「パダ」といいます。

これらは海峡を渡り歳月を経て音韻変化したことばの例。

韓くにことばが、なぜかなつかしい感じがするのも、理由があるのかもしれません。

ハングルとの邂逅

韓国に到着した途端、外国人は劇《はげ》しくとまどうことになる。

そこがソウルであれ、釜山であれ、地方の小さな都市であれ、街に溢れているのは見知らぬ文字の海、海、海。

漢字もローマ字も、ほとんど見えない。

○や□や棒でできた、幾何学的な記号のような絵のようなものが派手派手な色彩で看板や停留所や店の扉に描かれているのみなのだ。

これは、絵のようにも見えるが、たしかに文字だ。文字なのだろう。文字に違いない。

この文字を「ハングル」という。

かつて朝鮮王朝の時代には漢字こそが正統な文字であり、ハングルは「諺文《オンムン》（俚《いや》しい民の文字）」と蔑視されたのだが、いまは決してそんなことはない。むしろ漢字は社会の表面には浮かび上がって来ないのだ。

外国人の旅行客の中には、あわやこのハングルという名の記号の海に溺れそうになり、アップ、アップと胸のあたりが苦しくなり眩暈《めまい》を起こすひともいる。この症状を指す特別なことばがあって、それを「ハングル酔い」という。

でも逆に、この文字が面白くて大好きで、文字の魅力のゆえに韓くにはまってしまうひとだっているのだ。

一見とっつきにくいかもしれないが、実はこの文字のしくみは、実に単純。大変合理的にできているので、法則さえ理解してしまえば、すべてをたった一日で覚えてしまうことも可能なのである。

若き福澤諭吉が初めて「横文字」を見たとき、「これが文字とは合点が行かぬ」と思ったそうな。しかし「人の読むものなら横文字でも何でも読みましょう」の意気込みで、abcに取り組むが、「二十六文字を習うて覚えてしまうまでには三日も掛りました」(『福翁自伝』)。それに較べれば、ハングルを覚えるほうがやさしいかもしれないのだ。

まず、ハングルは表音文字だということを頭に入れよう。簡単にいえば、発音記号のようなもの(正確には、音素文字と音節文字のふたつの性格を兼ね備えている)。子音を表わす記号と、母音を表わす記号を組み合わせて、ひとつの文字をつくる。ひとつのハングルをつくるための子音や母音を表わす記号を、「字母《チャモ》」という。

それでは、字母は一体いくつあるのか？　いいかえれば、いくつの記号を覚えれば、このハングルという文字をすべて読めるようになるのか？

字母の数は、五百ある。

というのは嘘で、正しくは、たった二十四しかない（ただし北朝鮮では四十と数える）。

母音の字母は、ㅏㅑㅓㅕㅗㅛㅜㅠㅡㅣの十。

子音の字母は、ㄱㄴㄷㄹㅁㅂㅅㅇㅈㅊㅋㅌㅍㅎの十四。

この二十四の字母の組み合わせで、この世のすべての音を表記できると、韓くにびとは胸を反り返らせて誇るのだ（ただしこれは正しくはない。たとえば残念ながら、[f]や[ts]の発音を表わす記号はハングルにはない）。

ㄱは[k]の音で、ㅏは[a]の音。だからこのふたつを組み合わせて가とすれば、それはなんと読むか？

そう、[ka]と読むことになるわけである。別に気難しく考えることはひとつもない。実に素直なものである。

万事がこの通りだから、ハングルというのは最初はとりつくしまのない無愛想な記号に見えるが、わかってしまえばこれほど簡単で合理的で、しかもパズルのように面白い文字はない、といってよいくらいなのだ。

さあ、勇気を出して、ハングルの秘密に挑戦してみようではないか。

宇宙を発声せよ。万物をかたどれ

ハングル。

その意味は、「偉大な文字」。これは、東アジアの形而上学によって創造された、単純で美しい文字の結晶だ。

東アジア文明史における世界観の粋が、ここにある。

世宗大王《セジョンデワン》(朝鮮王朝第四代の王、在位一四一八―一四五〇)が一四四六年にこの文字を「訓民正音」として公布したときの説明文の高らかなる宣言を、聞いてみよう。

「天と地のあいだに生をもつものは、陰陽(気)から離れられない。ひとの声も、すべて陰陽(気)のことわり(理)がある。ただそれを察することができないだけだ。この訓民正音も、智恵によってこしらえ、無理にもとめたのではなく、声の音(気)にしたがってそのことわり(理)を極めただけである。ことわり(理)はひとつだ。してみればどうして天地・鬼神(気)と同じく使えないことがあろうか」。

宇宙のすべては物質(気)から成り立っているけれど、それを成り立たせている秩序・法則（理）が別にある。これは当時の朝鮮を支配していた朱子学の根本的な世界観であった。

そしてハングルは、万物の音や声（それは気である）を貫く普遍法則（理）を鋭敏に感じ取り、敢然と抽象化・図形化し、それを完璧に定着させた記号。そのかたちの単純さと美しさは、宇宙の原理の単純さと美しさに通じる。十五世紀の天才たちが、当時の宇宙哲学の枠を駆使して抽象のかぎりをつくした、極めて人工的なようでいて実は極めて自然なかたちなのだ。

東アジアの「声」は、「ロゴス」ではない。宇宙のバイタル・フォース（気）と呼吸をひとつにし、祖先の魂や鬼神や岩や花たちのささやきと合一する、音楽。その音楽を支配する理の力への畏怖が、このように幾何学的で美しい文字を生んだ。

その精妙なる宇宙観を知れば知るほど、この文字への傾倒はいや増すだろう。

「ハングルは宇宙の摂理を含んでいる。宇宙を表わす文字であるという事実は、あまりにも驚くべきことではあるまいか。わたしはハングルを通じ宇宙を学ぶ。わたしは根源に関心を持つ。わたしの根源と宇宙の根源に対して……。わたしと宇宙が別のものでないことがわかったとき、わたしは宇宙であり、宇宙はわたしであった。ハングルは宇宙であり、また宇宙はハングルであった。わたしはハングルであり、またハングルはわたしであった」(『年鑑日本のタイポディレクション'94―'95』、字句を若干変更)。

安尚秀《アンサンス》という、韓国の著名なタイポグラファー、グラフィックデザイナーのことばだ。まさにハングルに狂ったかのような溺愛。韓くにはこのような〈ハングル狂い〉が数多くいるのだ。

ああ、まさにハングルは宇宙。

○□△、点線画が合わさると、天地人がひとつになる。

理と気が劇的に結晶し、ロゴスを超え、生きとし生けるものの音楽が朗々と響き渡るのだ。

ハングルのエロティシズム

わたしにとって韓くにのことばは、妙にエロティックだ。

酒に酔い、市場の迷路をフダㇰタㇰ《がばりと》歩き出す。今夜もひとびとがスロンスロン《がやがや》と騒いでいる。遠くに宇宙基地のような銀色のビルがオドカニ《ぽつねん》と浮かんでいる。赤い腸《はらわた》のかたまりがポンドゥルル《っるっる》と光る。寒い路地。モランモラㇰ《もわもわ》と沸き上がる白い湯気。

ひとのぬくもり。韓くにには懐かしい。韓くにには詩がある。あのごちゃごちゃした雑踏の中に、詩がある。懐かしい、懐かしい。けれどなにか異質で、わたしはあきらかに拒絶されている。それゆえそこに、エロティシズムが宿るのだろう。

韓くにのことばには、「固有語」と「漢字語」の別がある。

前者は日本語でいえば「やまとことば」のようなもの。漢字に由来しないことばだ。rとlの音が連続し、ガラス玉の転がるような曲を奏でる。ときに繊細で悲しいほど美しく、ときにアルタイやモンゴル大草原の風のように力強い。

これに対して漢字語は、いにしえの中国の栄華を閉じ込めた音。それを放てば、漢族の文化と体臭が、乾いた韓くにの宙によみがえる。

わたしの記憶の底の方をがりがりと擦る音。わたしのDNAに粘りつくような音。いろんな音が、わたしの核を揺さぶる。核に触れるので、こんなに恍惚を感じるのか。

銀色の夜の底で、焼き芋売りのアジュンマ（おばさん）が、凍った道で滑って死んだひとのことを話している。韓くにのことばは生者だけが使うのではない。この社会では死者もまた生き生きと暮らしているがゆえに、生者のことばは死者のことばと頻繁に交信するのだ。鬼神の発する韓くにことばの飛び交う音が、耳にワサㇰワサㇰ《さわさわ》と聞こえるとき、わたしは冷たい空気の中で戦慄する。

○や□や棒でできたハングルは、一見無機質そのものの記号に見えるが、これにのめりこむと、やがてはエロティックに見えてくる。

宇宙の異星人たちが使う文字のように、未来的で幾何学的な印象を与えるハングル。この文字がつくられたのは十五世紀だが、実はこのかたちには、当時の東洋哲学と言語学の粋が、結晶している。

たとえば「ㄴ（n）」は「舌音《ぜつおん》」という。「n」を発音するとき舌が上顎に付いているから。舌は炎のようにちろちろと動くので五行の「火」にあたり、火は季節では「夏」、方角は「南」、色は「赤」、徳は「礼」、音は「徴」にあたる。

同様に「ㄱ（k）」は「牙音《がおん》」という。五行でいえば「木」、季節でいえば「春」、方角でいえば「東」、色でいえば「青」、徳でいえば「仁」、音でいえば「角」とされる。

また「ㅁ（m）」は「唇音《しんおん》」。五行は「土」、季節は「土用」、方角は「中央」、色は「黄」、徳は「信」、音は「宮」。

さらに「ㅅ（s）」は「歯音《しおん》」。五行は「金」、季節は「秋」、方角は「西」、色は「白」、徳は「義」、音は「商」。

そして「ㅇ（ng）」は「喉音《こうおん》」。のどは水っぽいから五行は「水」、季節は「冬」、方角は「北」、色は「黒」、徳は「智」、音は「羽」である。

ハングルの子音字母はすべてこのように理屈で成立しているのである。母音字母もまた、天地人の理屈で成り立っている。

完璧に論理的であろうとすること。完璧なコスモスに到達しようともがくこと。だが、到達できない。それゆえに限りなくもがく。……ハングルのエロティシズムはおそらくは、こういうところに宿っているのである。

朝の叫びをハングルで

「オビダ！」

「チュエキキピロヘガミダッ！」

「プワックッ！」

「クキャ！」

この国には、なにかむやみに騒いでいるひとが多いのだ。敵の不意打ちを伝令する防人《さきもり》のように、朝まだきから路上で怒鳴り合っている。それは異常なほどの昂奮《こうふん》と切迫とである。初めてこの国を訪れたひとなら、すわ大統領暗殺かクーデター勃発かと布団の中でひとり身構えるであろう。わたしも枕を抱えながら、騒ぎの声の意味を聴き取ろうと、よく身構えたものだ。しかし結局、ひとかけらもわからない。未来永劫わからないのではないか、と思ったこともあった。それはどこかの宇宙人の朝の儀式のように、吠えられては宙に散る空しくも輝やかしい音声たちである。

ところでこの音声を、○や□や線の記号で完璧に写し取ることができるというのは、なんと面白いことだろう。今朝もまた、窓の外では男たちが声を荒げている。

「プッチャッピョッソ」

「プッチャッピョッタゴ!?」

「ウン、プッチャッピョッテ」

「プッチャッピョソ　オットケテッソ?」

「クニャン　プッチャッピョッタゴマン　トゥロッソ」

「クレ、プッチャッピョックナ」

この意味不明な音声も、○や□や線の記号で書き表わされていれば、そのことばとしての成り立ちを辞書で調べることもでき、くっきりとした意味のかたまりとして、立ち上がる。

この男たちの会話にて、どうも「プッチャッピョ」という音声が、共通する鍵のようである。ハングルでどう書けば、意味のかたまりとして立ち現われるのか。ここから苦戦が始まる。
「부챴뵤」「붓챳벼」「푿차됴」「프챴뻐」「뿌쨨뻐」「붙쟈벼」「푿차됴」「뿌짜뾰」「쁘쨨펴」「픗쟛됴」「붇찹효」「붙챳됴」……
「プッチャッピョ」というカタカナの発音をハングルで書き表わす方法は、おそらく何百とあるであろう。

その中から正しいスペルを見つけ出すのは、容易なわざではない。しかし、やがて韓くにことばに慣れるにつれ、「プッチャッピョ」という音となんらかの意味との関連をおぼろに感じ取ることができるようになって来、あたかもパズルを解くように、スペルが目の前でさらさらと自動的に描かれるようになる。

その謎解きが完成したときの喜びは、韓くにことばを習うひとにとっての至福といえよう。

さて、「プッチャッピョ」の正解は、「붙잡혀《プッチャッピョ》」である。「つかまえる」という意味の「붙잡다《プッチャプタ》」の語幹「붙잡《プッチャプ》」に、受け身形をつくる接尾辞「히《ヒ》」をつけた「붙잡히다《プッチャッピダ》（つかまる／つかまえられる）」という単語の、連用形なのである。最後の「ピョ」を「ピョッ」と発音するとこれは過去形となり、スペルは「붙잡혔《プッチャッピョッ》」で、「つかまった」「つかまえられた」という意味になる。

「붙잡혔어요《プッチャッピョッソヨ》（つかまったよ）」

「붙잡혔다고《プッチャッピョッタゴ》（つかまったって）⁉」

「응《ウン》、붙잡혔대《プッチャッピョッテ》（ああ、つかまったって）」

「붙잡혀서《プッチャッピョソ》 어떻게《オットケ》 됐어《テッソ》（つかまってどうなった）？」

「그냥《クニャン》 붙잡혔다고만《プッチャッピョッタゴマン》 들었어《トゥロッソ》（ただつかまったとだけ聞いた）」

「그래《クレ》、붙잡혔구나《プッチャッピョックナ》（そうか、つかまったんだな）」


朝の路上で、男たちはこんなことを叫び合っていたのだった。

かたちとしてのハングル、その革命

世宗大王によりクリエイトされ公布されてから約五百五十年。その間、ハングルのかたちは幾多の変遷を経てきた。

ハングルは「女文字」といわれただけあって、まずそのかたちを磨くのに大きく寄与したのは、朝鮮王朝時代の女性たちの筆文字であった。

そしてその後、併合植民地時代から解放後の近代的ハングルの活字書体は、朴《パク》キョンソ、崔正浩《チェジョンホ》、崔《チェ》ジョンスンという巨人たちの渾身の努力によって切り開かれた。特に崔正浩は明朝体、ゴシック体などの基本的な活字体および写真植字体をつくり、一九八〇年代末まではほとんどの書体が彼の原図の影響を受けたものであった。
九〇年代にはいって美しく個性的な書体が次々に現われ、韓国の印刷物は急速にきれいにたのしくなった。つばめ体、森林体、象牙体、かささぎの足体など、それぞれ独創的な字のかたちの特徴をとらえたユニークなネーミングもたのしい。朝鮮王朝風の素朴で清らかな書体がレトロとして人気を博してもいる。

またこれとは別の動きとして、ハングルのかたちの歴史に画期的な変革をもたらしたのは、タイプライターの登場であった。ハングルは初声・中声・終声の三つからなっていて、たとえば同じㄱでも、初声に来るのと終声に来るのとではかたちと大きさが異なる。一文字の全体を四角のスペースの中に収めなければならないからである。ところが一九四七年に韓国最初の普及型タイプライターを開発した孔《コン》ビョンウ博士は、発想を逆転させ、同じㄱはどこへ来ても同じかたち・大きさとし、完成されたひとつのハングル文字は四角からはみ出てかまわぬとしたのである。これによりハングルのかたちは革命的に新しくなった。

この「脱四角ハングル」の流れは、コンピュータ時代にはいり、数人のデザイナー、タイポグラファーたちによって美的・機能的・思想的に洗練され、ラディカルな革新運動にまで昇華された。現在では多くのデザイナーたちが、個性的なハングル・デザ

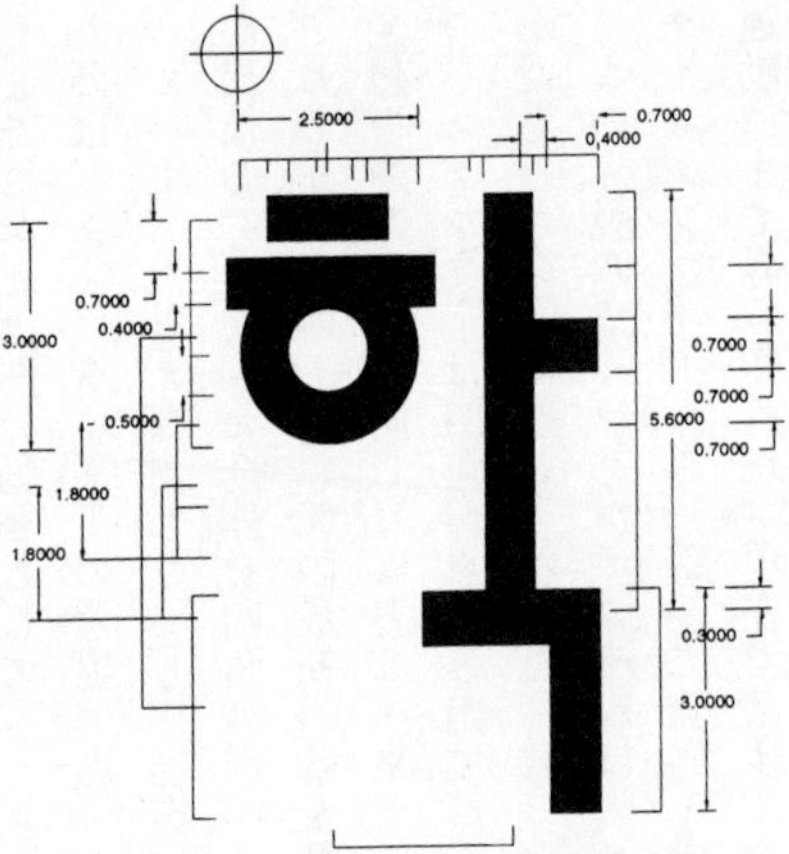

「脱四角ハングル」の代表作（安尚秀《アンサンス》作）

インの試みを活発に続けている。

「脱四角ハングル」で新しい書体を開発する場合、ハングルの「部品」である「字母」だけ（多くとも数十個ほど）をつくればよいという便利さがある。それまでの活字や写植文字の場合は、字母の単純な組み合わせでは字がつくれず、日常的に使われうる字数である約二千三百五十字のハングルを一字一字つくらねばならなかったのである。

さて、「脱四角ハングル」の最大の問題は、読みにくいという点にある。しかし、可読性やイメージというのは要するに「慣れ」にすぎないのだとして、こどもの頃から「脱四角ハングル」に目を慣らせるよう、童話の本などにこの書体を使う運動なども起こっている。

固有語と漢字語

かつて、韓くにのことばをだんだん知るにつけ、なにかこのことばが、その固有語が、わたしの体に沈澱して記憶に残っているような感覚が湧き上がったことを、覚えている。

「固有語」とは、漢字に由来するものでない、韓くに固有のことばのことで、日本語でいえば「やまとことば」に当たる。たとえば、同じ「鉄」でも「철《チョル》」は漢字語だが「쇠《セエ》」は固有語だ。

それらの固有語が、わたしには、初めて出会ったことばではないように感じられたのだった。さらにときどきは、それまで熟知しよく使いもして来た日本のことばより、新しく知った韓くにのことばのほうが、そのもの・ことを指し示すのにもっとふさわしいと感じることすらあるのだった。

それも単純で大きなことばであればあるほどそうなのだった。

空、木、光、目、歌、今日、海、夏、氷、土、人、手、丘、家、草……そういうことばたち、それはわたしの皮膚の奥の方、血の中に密かに甦って来るようだった。

空・そら・ハヌㇽ／木・き・ナム／光・ひかり・ピッ／目・め・ヌン／歌・うた・ノレ／今日・きょう・オヌㇽ／海・うみ・パダ／夏・なつ・ヨルㇺ／氷・こおり・オルㇺ／土・つち・フㇰ／人・ひと・サラㇺ／手・て・ソン／丘・おか・オンドㇰ／

家・いえ・チプ／草・くさ・プル……

道を歩いていて突然雨が降って来る。水滴がわたしの顔に落ちて来る。するとそれはすでにわたしにとって「ame」ではなく、韓くにのことばの発音、「pi」なのであった。

……これらはすべて、固有語だ。

しかし、これとは別に、漢字語にもわれわれは数多く接することになる。むしろわたしが韓くにのことばに初めて大量に接したのは、この漢字語の方なのかもしれない。

それは、中学生の頃だった。平壌《ピョンヤン》からの北朝鮮のラジオ放送をよく聴いた。ラジオの深夜放送を聴こうとチューニングしていると、うるさいスピーカーを通して、闇の中からその音声はだしぬけに渡って来るのだった。メッセージを伝えようとする意志があまりにも強すぎ、そのためかえって意志が咽喉《のど》のあたりで劇しく空転しているような、その声の響き。

少年は寝台の上で、その不思議な音声にそっくり晒《さら》されていた。時々日本のことばと全く同じ発音があるのが、ひどく奇妙だった。「カチカン」がどうのこうの、「チョーサキロク」がなんとかスミダ、というようなことばの端はしが、脳の言語中枢にガリガリとひっかかって行く。地表からたまに噴き上げる間歇泉《かんけつせん》のごとく、それらのことばは思い出したように立ち現われた。

……ラジオを通して、中学生のときと同じスミダ、スムニダ、という語尾が、暗く海の向こうから飛んで来た。

昂奮し、劇越な調子の男のアナウンサーの声。南朝鮮（韓国のことを北朝鮮はこう呼ぶ）と米国と日本とを鋭く非難する論調である。時報と将軍を言寿《ことほ》ぐ歌のあとは、女のアナウンサーが登場する。これもまた籠った調子で劇昂しながら南朝鮮を攻撃している。革命軍が放送局を占拠しても、これほど断定的かつ悲壮な物言いはしないだろう。

そのことばの世界の特殊なスタイル。

硬直した断定語尾。

讒謗《ざんぼう》用にとっておきの語彙たち……ファシスト集団、政治的危機、不安、恐怖、臨終、糾弾、監獄、殺伐、ファッショ狂乱、暴圧令、挑発、不純勢力の蠢動《しゅんどう》、犯罪的策動、欺瞞的、野蛮な暴圧支配、極悪、ファッショ弾圧蛮行、中傷、冒瀆《ぼうとく》、卑劣、窒息、奴隷、悪辣、反逆行為、妄想、破壊策動、狂奔《きょうほん》、魔手《ましゅ》、瓦解、横暴、苛酷、憤怒、暴露、虚偽捏造、烙印、逆徒……そういう劇しいことばを蒔絵《まきえ》のようにふんだんにちりばめた悪口雑言。

しかし、北朝鮮が漢字語の国で、韓国が固有語の国だ、ということではもちろん、ない。むしろ表記の点では、北朝鮮ではいま、漢字は一切使わない。

韓くにには、漢字語の世界と固有語の世界があるのだ。

それはあたかも、韓くにには原色の世界と白の世界があるようなものだ。

手元に、「金日成主席の誕生七〇周年を祝う平壌市民の夜会」という表題の写真がある。

「朝鮮民主主義人民共和国万歳!」「白頭の革命精神で!」などとハングル(ただし北朝鮮ではハングルとはいわず朝鮮文字《チヨソンクル》という)で書かれた赤い電飾文字。原色の巨大な花。虹に乗る嫋々《じようじよう》たる舞姫たち。

異様にキッチュで不気味な美しさだ。

壮麗なデコレーション・ケーキのかたまりのようなステージ。その壁に貼りつく桃色の古代服を着た無数の女たちは、月宮から舞い降りた妖蠱《ようこ》な天女なのか。

トラックで輪になって踊る極彩色の老若男女たち。

虚空には巨大な電飾のハングルが浮かび、喇叭《らつぱ》を吹く青年兵士が青く宙に飛び上がる。

「万寿台芸術劇場と噴水公園」と題された夜景の写真もある。夜空に花火が流れ、水には光りが映り、金色《こんじき》に輝やく巨大劇場。この世のものとも思われぬほど美しい。

このような原色の世界は韓国にも溢れている。商店街がそうだし、またおばあさんやおじいさんもめでたい席には原色の華麗な伝統服を着て外出するのだ。

しかしこれとは別に、素朴でひたすら白い世界も韓くににはある。素服で外出する韓くにびとたちのため、かつて市場はいちめんの白い綿花畑のようになったものだという。

漢字語と固有語、原色と白……これらの総体が韓くになのであって、一部分をとりあげて「これが韓くに」と断定しては、決してならない。

一人称と二人称

一人称単数の代名詞には、代表的なものとして「ナ」と「チョ」がある。

「ナ」は「わたし」「ぼく」「あたし」といった語感で、対等か目下の相手に対して使う。「チョ」は「わたし」「わたくし」といった語感で、主に目上の相手に対して使う。

これが複数になると、「ナ」に対応するものとして「ウリ（われわれ／われら）」、「チョ」に対応するものとして「チョイ（わたくしども）」がある。

目上の人に「ナ」を使えば、ただちに共同体から排除される圧力を強く受けることになるだろう。普通は、使ってはいけない。

逆に日本人がよく陥りやすい間違いは、目下の相手に「チョ」で話し続けて、相手にいかにも不自由な気持ちを味わわせてしまうことだ。日本人は相手が大いに目下であろうと子どもであろうと、謙譲して「チョ」ということが多いが、これは韓くにの社会的文法では、あきらかにルール違反である。へりくだればよいというものでは、ないのである。

さて、一人称は比較的わかりやすいのだが、韓くにの会話で最も注意しなくてはならないのは、二人称といえるかもしれない。

韓くにのことばには、日本語と同じく、目上のひとも含めてすべての相手に一律に使える「you」のような便利な二人称代名詞がないのだ。

「あなた」に当たるのは辞書には「タンシン」と出ているが、このことばは極めて不思議なことばなので、韓くにによほどディープに関わらないかぎり自由には使えないだろう。

「タンシン」とはやや誇張していえば、

①韓くにびとと夫婦関係になったとき、

②韓くにびとと喧嘩するとき、
③韓くにでコピーライターになったとき、
しか使わないことばといってよいだろう。
①の場合。「タンシン」は主に夫婦の間で「あなた」「おまえ」という二人称として使う。若い夫婦も使うが、特に結婚して歳月を経、互いの情が根雪のように固まった間柄の香ばしい語感が「タンシン」にはある。
しかし夫婦でもないのにみだりにこの語を使うと、大変危険だ。それは、②の場合のように、「タンシン」は喧嘩するときの二人称代名詞として広く使われるからであり、見知らぬひとにいきなりぞんざいに「タンシン」といわれたら瞬時に「カッ」と怒りが心頭に発するようでなくては、韓くにのことばの生理がわかったとはいえないのだ。
③の場合は、韓くにには万人に向かって「あなた」と語りかける二人称がないので、広告で「あなたの皮膚年齢は何歳？」などといわなければならないときは、「あなた」の部分に「タンシン」という語を使うということだ。
このほか「タンシン」は、目上のひとのことを非常に敬って使う特殊な用法がある。ただしこれは相手に話しかけるときの二人称とは少し用法が異なるので、注意が必要

である。

さて、「タンシン」がこんなにむずかしい二人称ならば、一体相手になんと話しかければよいのか？　悩みは日増しに深まる。

最も確実でてっとり早い方法は、（特に目上の人に対する場合）二人称を全く使わないことだ。韓くにことばは日本語と同様、二人称抜きで話してもたいていの場合、全く問題がない（みだりに二人称を使うよりはむしろ使わない方が丁寧ないい方とされる）。タクシーに乗って、「あそこを右に曲がってください」というのをわざわざ「あなた、あそこを右に曲がってください」というひとは、日本でも韓くにでも滅多にいない。こんなとき、どうしても二人称を入れて話したかったら、「技士様《キサニム》（運転手のこと）」とか「アジョシ（おじさん）」などということばで語りかければよいのだ。

そのほか、一般的な二人称は、相手が目上の部長なら「キムブジャンニム（金部長様）」、目下の課長なら「パククヮジャン（朴課長）」などと肩書きを付けて呼んだり、姓名の後に「シ（氏＝さん）」を付けて「キムヨンジュンシ（金泳中氏）」などと呼んだりする方法がある（ただし「シ」には敬意が込められていないので最近ではあまり使われなくなった）。

また、自分と対等か目下の相手に対しては、「ノ」という二人称代名詞がある。これは一人称の「ナ」に対応するもので、「君」「おまえ」といった語感である。九〇年代にはいって、韓くにの二人称の世界が大きく変わった。それはひとことでいえば、「ノの氾濫」である。

八〇年代まで歌謡曲の恋歌で使われていた二人称代名詞はたいてい、「タンシン」か「クデ」であった。「クデ」というのは愛し合っている者どうしが使う「そなた」「君」というやや古風な呼び方。日常生活ではほとんど使わない。

それが、九〇年代に入るや、「ノ」という代名詞の氾濫となったのだ。特に、女が男を「ノ」と呼ぶのが目立っている。

「ノルル　サランヘ（あなたを愛してる）」

少女三人組の人気グループS.E.S.のヒット曲のタイトルである。この「ノ」はいま一応、女の子のことばっぽく「あなた」と訳しておいたが、実際はもう少しぞんざいなことばで、「おまえ」と「君」と「あんた」と「あなた」を足して四で割ったようなニュアンスだ。

「♪〜ノを愛してる。わたしのこころがノを思えば思うほど、わたしは幸せ」

八〇年代までだったらこの「ノ」はすべからく「タンシン」か「クデ」となっていなければならなかっただろう。九〇年代以降の韓くに少女は男に対して、滅法強いのだ。

絶対敬語と待遇法

韓くにことばの尊敬語の基本は、「絶対敬語」である。

これは、話す相手が誰であろうと、自己が尊敬すべきひとに対する、あるいは関する発話は、すべて一様に敬語を使うというものだ。

会社で、山田部長にかかって来た電話に部下が出たとする。日本語の場合「相対敬語」だから、発話の相手によって敬語を使うか使わないかが変わって来、特に「うち」と「そと」を区別するので、「山田はいまおりません」というだろう。ところが韓くにことばでは、「部長様はいまいらっしゃいません」ということになる。なぜなら部下は部長を尊敬すべきなので、いつどんな相手に対しても部長に関しては敬語を使わねばならないのである。

子どもが留守番をしている家に近所のおじさんが、子どもの父親と囲碁でも娯《たの》しもうとやって来たとする。このとき、日本語だったら子どもは、「父はいまおりません」とか「父は会社に参りました」などというだろう。「父は会社に行きました」と謙譲していえばさらにきちんとしていることになる。これを、絶対敬語を使う韓くにでは、

「父さんはいまいらっしゃいません」「父さんは会社に行かれました」などということになる。儒教的なしつけがきちんと行き届いた家なら、「お父様におかせられては会社にいらっしゃいました」というだろう。

このほか待遇法は、人間関係の複雑さに伴ってかなり複雑なしくみになっている。特に語尾は実に驚くほど多彩で、それを相手と状況によって自在に使いこなすのは、韓くにに何年か住んでみない限りは極めて難しいだろう。

しかし基本的には外国人のわたしたちとしては、「かしこまった丁寧な語尾」の「スㇺニダ／スㇺニカ」か「うちとけた丁寧な語尾」の「アヨ／オヨ」を使っていれば、全く問題はない。

ただし年下や目下の人にあまりこの「丁寧な語尾」ばかりを使うと、相手がとても窮屈がる。そんなとき相手は、あなたに「マㇽスㇺㇽ ナッチュセヨ（おことばを低めてください）」と要求するだろう。「ことばを低める」とは、「上位者が下位者に対して使う待遇法で話す」という意味であり、その典型が「パンマㇽ」というものだ。このパンマㇽとは「半分のことば」という意味で、ぞんざいな物のいい方である（文法用語では「略待普通形」などという）。自分よりかなり目下・年下の相手や親しい友人にはこのことばで親しげに話すのが普通だが、これはなにしろぞんざいで乱暴な感じの語尾なので、相手の気分を害する危険性をつねに胚胎している。と同時に、かなり親しくなった相手にずっと「パンマル」を使わずに「丁寧な語尾」を使い続けていると、相手は「なんて水くさい奴だ」と逆に気分を害してしまうことになる。「パンマル」がうまく使えるようになったら、一人前の韓くにことば使いといえるだろう。実に韓くに社会は、この「パンマル」という生き物によってつねに攪乱されているといっても過言ではないのだ。その証拠に、次の新聞記事のようなできごとを、韓くにではよく目撃する。

「ソウル清涼里警察署は十八日、『雨が降らぬ』と天気を恨んだ末にいい争いになって互いに暴力をふるった崔某氏（二三歳、無職）など二名を、『暴力行為など処罰に関する法律』違反の嫌疑で拘束し、李某氏を同じ嫌疑で不拘束立件。警察によれば崔氏などは十七日午前二時四十分頃、ソウルの慶熙大学校前の道を歩いていたところ、横を通り過ぎた李氏一行が『雨が降らねえ』といいがかりをつけるや、『どうしてパンマルを使うんだ』と拳を振り回し、李氏一行に各々全治四週と六週の傷を負わせた嫌疑。崔氏は警察にて、『蒸し暑い天気に癇癪《かんしやく》を起こしていたところへ、初めて見るひとたちが『雨が降らねえ』とぞんざいなことばで話しかけて来たので、自分でもわからないうちに拳が出て行った』と陳述」(『文化日報』一九九四年七月十八日付)。

まこと、見知らぬひとに「パンマㇽ」を使うのは、いのち知らずの無謀な行為なのである。

使役の大切な役割

「〜させる」というのを「〜シキダ」というが、この語を日常で最もよく聞くのは、食堂においてである。というのは、「シキダ」という語は「注文する」という意味をも持っているからだ。

「ムオスㇽ　シキㇺニカ（なにを注文しますか）？」

尊敬形なら、「ムオスㇽ　シキシㇺニカ（なにを注文なさいますか）？」

意志形なら、「ムオㇽ　シキゲッソヨ（なにを注文するつもりですか）？」

過去形なら、「ムオㇽ　シッキョッソヨ（なにを注文しましたか）？」

（「ムオㇽ」は「ムオスㇽ」の縮約形）

「シキダ」という語が「注文する」という意味も持っている、というよりは、「注文する」という行為が韓くにでは、相手に「〜させる」という行為なのだ、と考えた方がよいようだ。

上位者は下位者に「させる」、これが韓くにでの「縦」の人間関係の基本である。この「させる」ということがうまくできないひとは、韓くにでは決して尊敬されない。司馬遼太郎は『街道をゆく28 耽羅紀行』で、儒教社会では「ひとたび君子になれば、農作業や薪割りなどをしないし、もし、すると、小人たちが尊敬しなくなるのである」。しかしこの「君子ハ心ヲ労シ、小人ハ力ヲ労ス、というのは、日本ではあまりあてはまりにくいのである。戦国期の築城のときなどは、大名みずからモッコをかついで土を運んだ。作業士気を高めるための率先垂範ということなのだが、こういうことを同時代の中国や朝鮮でやれば、人心は離れるのにちがいない」といっている。

まさに、その通りである。

そして「させる」社会である韓くにでは、「される」、つまり「受け身」「受動態」という形式を日本ほど使わない、というのも特徴のひとつだ。「わたしは彼に〜といわれた」。この文章をそのまま韓くにことばにするのはほとんど不可能である。

どうして日本人はそんなに受け身ばっかり使うのか。逆に日本語を習う韓くにびとは、ひどくいぶかしく思うのかもしれない。

第二章

韓くにのひとと暮らし

モリコプケコプケピッコシジプカゴジゴ

韓くにの鶯《うぐいす》はこう鳴くといいます。

「髪をきれいにきれいに梳《す》いてお嫁さんになりたい」という意味です。

洪命熹《ホンミョンヒ》（一八八八―一九六八）の小説『林巨正《イムコクチョン》』に出て来る話。

その昔、ひとりの美しい娘が、お嫁に行けなくて死んで鶯になったのだそうです。

韓くにのことばは、韓くにのひとびとの生活が綿々と紡いで来たもの。

何千年、何百年にわたる生の光りと陰翳とが、ことばに息づいています。

この章では、韓くにの「もの」の名前に親しみ、そこに宿った暮らしと文化の息吹を感じてみたいと思うのです。

もちろん、森羅万象の中から、とりあげられるものはほんのわずか。

それでも、韓くにことばの煌《きら》めきのひとかけらでも、かいま見ていただきたいのです。

虫の儚さ

韓くにのことばで「虫」を「ポㇽレ」という。ただしこの固有語は、あまりよいイメージとしては用いられないことも多く、しかも昆虫類の総称としての抽象力にも乏しい。あえていえば「虫けら」というイメージも強く持ったことばだ。すべての虫を総称するなら「昆蟲《コンチュン》」という漢字語を使うしかない。

朝鮮中期の天才儒者・李栗谷《イユルゴク》（一五三六―八四）の母として有名な女流書家・画家の申師任堂《シンサイムダン》（一五〇四―五一）が描いた絵に、「草虫図」というゆかしくも清楚なものがある。中央に忘れ草の花がひともと、あやういたたずまいでしかもすっくと立っている。その茎に止まっているのは、翅《はね》の透明な蟬《せみ》である。蟬のほかには蝶、蜂、蛙などがあるいは飛び、あるいはただたずんでいる。繊細で清潔、しかもなんともいえずかわいらしい筆に、申師任堂というひとの澄んだこころが染みわたっているようだ。

韓くにのことばで蝶は、「ナビ」。「ナㇽダ（飛ぶ）」という語と語源的に深い関係があるのだという。

韓くにには、ひらひらと宙を舞う蝶を魂のよみがえりとみなす説話が多い。そのためか、蝶は韓くにのひとびとにとって、不思議な秘密に包まれた存在なのだ。陰暦三月三日の朝に黄色い蝶や揚羽蝶《あげは》を見れば、その年は吉といわれる。逆に白い蝶を見れば凶である。また蝶を触った手で目をこすると目が見えなくなるというのは、幼い頃誰もが聞いたことばだ。鱗粉《りんぷん》は、神秘の霊力を持つ粉であった。

ナビといえばなんとなく気持ちが高揚する。それは男女の愛と関係するからだ。花花が女なら、蝶は男。

あくがれ出でむ春の山　胡蝶よ汝《なれ》も訪《と》ひ行かな
日暮れて道になづみなば　花を褥《しとね》に寝《い》を寝なむ
花の　うとむることあらば　葉末に夢を結ばまし　（田中明訳）

有名な、よみびと知らずの時調《シジョ》（韓くにの伝統的な定型詩）だ。

韓くにで蝶は、地上の束縛にとらわれない自由とよろこびを意味すると同時に、いつまでも変わらない夫婦の愛情の象徴でもあった。それゆえ陶磁器や刺繡、屛風、寝具、枕などに蝶の絵が好んで描かれた。結婚するときの調度品にも、蝶の姿は欠かせない。夢とうつつのあわいを飛翔するナビは、風流と粋の象徴であり、韓くにびとのあこがれなのだった。

さて、このナビを韓くにで初めて科学的に研究したひとが、石宙明《ソクチユミヨン》（一九一〇―五

○）という男だ。彼の短い一生は、まさにナビに狂ったといえる。鹿児島高等農林学校を出た彼は、平壌《ピョンヤン》で中学教師をしつつ、蝶への劇しい愛を燃やしつづけ、不遇な環境で研究を続けた。全くの処女地であった。そしてついに念願の『蝶類目録』を出版する。いま残る彼の写真を見ると、蝶に取り憑かれた者の目が爛々《らんらん》と光っている。いま、石宙明の名を知るひとは少ない。だが彼こそ、まさに「ナビ博士」と呼ばれるにふさわしい男だろう。

さて、蝶とともに身近な虫は、蟬。韓くにで「メミ」という。

「メミ」ということばを聞くと、思い出すのは原色の店である。

それを初めて見たのは、ソウルの丘たちに赤い十字架のイルミネーションが夥《おびただ》しく輝やく黄昏の頃だった。

なんでもない街の中に突然、桃色の家がある。家の前で太腿を露わにして脚を組んで座っている厚化粧の女たちが、光りの中に霞んでいる。

市の中心部からはやや離れた、山を背にした静かな通りである。子どもたちが群がる駄菓子屋や文房具屋の隣りにそういうピンクの家たちが突然無造作にあるのだ。アイスクリームを食べながら目の前をよぎる子どもたちには視点を合わさず、女たちは脚を揺らしながら光りの中にいる。

市場でも、原色の店を見た。驟雨《しゅうう》が退くと、泥濘《でいねい》が銀色の魚の腸《はらわた》のように陽に光り、午後の市場は再び勢いづく。その市場のはずれのあたりにあるのは、市場の男たちを相手に女たちが箸と匙《さじ》とで卓を叩きながら歌を歌い、酒をひさぐ店なのだった。「蟬の家《メミチプ》」というんだ、と友はわたしに教えてくれた。時雨《しぐれ》のような歌が、市場の迷路の底から懐しいかのように聞こえていた。

韓くにの蟬はなんと鳴くのか、とわたしが問うと、友はひとこと、「メアムメアム」といった。

なにかつねに儚《はかな》い印象がつきまとうのが虫だけれど、ある夏の午後、透明な粉の舞い乱れるただなかを歩いたときの儚さは、格別だった。

その頃、わたしは失意に沈み、将来へのなんらの展望もなく、ただひたすらに四書(『論語』『孟子』『大学』『中庸』)を韓くにことばで覚えるだけの毎日であった。儒教を学ぶ学生たちには、四書を誦《そらん》じることが要求されていた。その修行のために、山中の書堂に三年間籠って勉強する学生たちも多かった。

韓くにでは漢文を、返り点なしに頭から音で読んで行く。そして区切りとなる場所に「てにをは」や「〜なり」「〜なるかな」などという語尾をはさんで読む。

「子曰　学而時習之　不亦説乎（子曰ク、学ビテ時ニ之ヲ習フ、亦説《よろこ》バシカラズヤ）」

この原文の途中と末尾に、「〜ならば（仮定）」という意味の「면《ミョン》」と、語調を強め整える「아《ア》」を補って、

「子曰　学而時習之면《ミョン》　不亦説乎아《ア》」

とし、これを韓くにの漢字音で

「자왈《チャワル》 학이시습지면《ハギシスプチミョン》 불역열호아《プルリヨギョロア》」

と読むのである。

わたしは自分が「日本人である」ということのために否定される韓くにの大学での毎日を忌みつつ、誰にも会わず孤独に古典を暗記する日々に密かに逃避しているのだった。敗北と失意はわたしをひどく非力に無力にしていたけれど、わたしのなかの反抗心だけは日増しに大きくなるのだった。そのわたしのこころを支えてくれたのは、儒教の書物であった。韓くにの無力者が儒教を読む読み方というものがわかったのは、この頃であった。自らが否定され、否定され、否定された末に、儒の力は初めてわかるのである。

そのような日々のある午後、小道を歩くわたしは突然、透明な妖精の粉のようなものに包まれた。視界を喪《うしな》うほどであった。粉々は銀色に反射し、天の河から星々の粉末の真昼に降るかのごとく、わたしの全身にしとどに注がれた。

蜉蝣《かげろう》だった。韓くにで、「ハルサリ」という。「ハル」は「一日」、「サリ」は「生きること」という意味だ。巨大な銀の滝のような群れだった。ふと見ると、わたしの数歩先に日傘をかざした女がひとり、夏の夢のような糸遊《いとゆう》の波に打たれつつ、たたずんでいるのだった。妊婦かもしれなかった。涼しそうな項《うなじ》と大儀そうな身のこなしがわたしの目を把えた。女はふとこちらを見ると、口を開けるや少女のような声で、なにかをひどくいとおしむかのごとく、

「ああ、ハルサリ」

と溜め息をついたのだった。

そのひとことのたとしえもないやるせなさを、わたしはいまだにくっきりと覚えている。

踊るおばあさんの海に溺れて

韓くにのおじいさんとおばあさんは、とびきりかわいい。

「おじいさん」は韓くにことばで「ハラボジ」、「おばあさん」は「ハルモニ」。

韓くにのおじいさんおばあさんは、桃色や橙色や萌黄《もえぎ》色など、明るくて爽やかな色の韓服を着る。年を取ったからとくすんだ地味な色の服を着て自らますます老け込む

のではなく、周りの空気がぱっと火照るような、派手なチマチョゴリ（女性の韓くに服）やパジチョゴリ（男性の韓くに服）を着て堂々としているのが、韓くに流だ。

そして韓くにのおじいさんおばあさんのもうひとつの特徴は、よく踊ることである。音が鳴り律動が揺れると、興に乗って自然に腕が上がって振られてしまい、体がゆりゆるりと上下に動き始めるのだ。それがなんともいえず幸せそうで、かわいい。

わたしはかつて、踊るおばあさんたちの海に溺れそうになったことがある。それはある地方町の民俗の祭りと、オリンピックの聖火がその町を通過するのとを同時に祝う場であった。

男のシャーマン（パックス）がひとり前に出てマイクロフォンに口をこすりつけ、にたにた笑いながら歌う。後方には女のシャーマン（ムーダン）たちが列をなし、てんでに勝手に踊っていた。聖なる火を迎える儀式は高揚していた。

巫覡《ふげき》たちは皆、この世のものとは思えぬほど派手な衣裳であった。これでもかこれでもかと原色を使い尽くし夢の生き物のようにキラキラと動いた。髪の飾りも同じだった。はるか古代の巫女の栄光を再現していた。最も派手なのは男のシャーマンであった。はすにかぶった虹色の山高帽にきぎすの尾を差し、虹色の耳飾り、虹色の胸飾り、虹色の服、虹色のさまざまなきれ、虹色の扇、虹色の鈴、そして虹色の靴を動かす。動けばそれらがゆったりと化学反応のように色変わりする。扇と顔とを上下左右に動かし、シャーマンは流行歌を歌うように呪文を唱える。目は開いているのか閉じているのかわからない。午睡をする牝龍のようになまめかしく舌を閃かす。気づくとわたしはいつの間にかおばあさんの海の中に浮かんでいるのだった。見物人はほとんどすべてがおばあさんであった。銀色の髪をひっつめ、白い麻の服を着て、赤ん坊のような顔をして巫覡たちの「魂のダンス」を見ている。写真でよく見る韓くにのおばあさんたちだが、これだけ大勢が一堂に会すると、異様な雰囲気となる。ひとりひとり顔が違うのだが、ひとりひとりが典型的な「韓くにのおばあさん」である。どのおばあさんが最も「韓くにのおばあさん」ぽいのかと問われても困る。誰もが等しく完璧に「韓くにのおばあさん」なのである。それはみごとな作品群のようであった。

小さなおばあさんたちがびっしりとチューリップ畑のように咲いている中でわたしはかろうじて顔を空中に突き出し、首から下は無数のおばあさんの圧力に揉まれていた。おばあさんたちは「魂のダンス」をよく見ようと体を動かし続けているので、その動きの波がゆったりとわたしに押し寄せる。わたしの手が突然強く握られた。あるおばあさんが体を支えようとしたのだ。おばあさんの手はやわらかく、なにかの昔の物語を語っているようだった。わたしの手とおばあさんの手は一瞬、あきらかに話をしていた。気がつくとわたしの肘や肩や首におばあさんたちが無言でしがみついていた。やがてわたしの髪や耳にまでぶらさがり、いまやわたしの体には、おばあさんたちが鈴なりであった。

黄昏が深くなるにつれ、「魂のダンス」は劇しい音楽とともに狂乱的な踊りとなった。おばあさんたちも動きが大きくなった。おばあさんたちはすべてたいそう痩《や》せているのに、わたしの体に密着すると妙に豊満であった。その皮膚たちはわたしの皮膚にしっとりと吸いつくかのようだった。吸いついて決して離れないかのようだった。

真午《まひる》に始まったシャーマンたちの「魂のダンス」は飽きることを知らず、夜になだれこんでも延々と太初の地鳴りのように続いていた。ふつうの人間ならなにかの薬物を使ってもこれほどの持続力を得ることは困難だろう。

ふと気づくといまやおばあさんたちはわたしの体から離れ、てんでに楽しそうに踊り出していた。

火が焚かれ、鐘が鳴らされ、おばあさんたちは天空を舞うかのごとく、踊る、踊る。

シャーマンたちは水を盛った巨大な甕《かめ》を抱え、豚の頭を右手でかつぎ、剣と三叉《みつまた》の槍とを振り回し、鈴を振り、地団駄踏むかのごとく踊る。

……そして天に星々が煌《きらめ》く頃、待ちに待ったオリンピックの聖なる火がやって来るのだった。

町中がゴオゴオという気流の劇しく鳴る音を立てている。

街道の向こうに火の姿が微かに見えた。それはちらちらと揺らめきながら見る間に近づいて来る。

逞《たくま》しい男が聖なる火を捧げ持ち、古《いにし》えの英雄のように燦然たる姿で走っているのが見えた。そして超絶的に美しい女が伴走する。

みんな踊り狂っている。「民族の栄光」とか「輝やかしい五千年の歴史」なんぞという官製のおまじないは、もうみんな忘れ飛ばしてしまったようだ。役所の念仏たちはみじめに千切れて空に飛んだ。

ソウルの華美な建物たちなんかではない、この踏舞こそ、韓くにの民の栄光なのだ、そう思う。人間がいる。ああ人間が生きて踊り狂っている。ぴかぴかと光りを発し、喜びのいかずちに劇しく撃たれ、跳び撥《は》ねている。足はすでに大地を離れ、空気に浮いている。土と空のあわいに閾《しきみ》はない。韓くにのひとたちは喜びの翼を持っているのだ。それを使って遠くへ、高く高く飛ぶことができるのだ。

ああわたしの足までが、腕までが、体までが、いつしか強い幸せに痺れるのだった。

足の飛翔するひとびと

韓くにことばで「脚」を「タリ」という。足首から先の「足」は、別に「パル」ということばで表わす。

韓くにのひとびとは、足がだいぶ飛ぶのをご存じだろうか。たとえば八〇年代に、韓くにの大学生が休み時間というと必ずやるのが、蹴鞠《けまり》ならぬ「蹴パック」であった。これは数人が輪になって、牛乳の紙パックでつくった玉を蹴鞠の要領で蹴って遊ぶのであった。もともとは、銅銭を紙で包んだ羽子でやった「チェギ」という伝統遊戯であった。とにかく足がかろやかですばやく、紙パックは延々と輪廻のように宙を舞いつづける。

足をポーンと空中に投げ飛ばすのが、どうも韓くにびとはことのほか好きらしい。これは民族の体に記憶された、しぐさのアルケオロジーだ。サッカーが好きなのも、歴史的な理由があるわけだ。「あの男は強い」という判断を、「あの男は足をどこまで蹴り上げられる」というかたちで認識することもあるという。

さて、時は一九五二年、大統領・李承晩《イスンマン》（一八七五―一九六五）博士の前で、軍人が「唐手《タンス》」の手本を披露したことがあった。空手に似たものだったといわれる。これを見た後、大統領はひとこと、「テッキョンじゃのう」といったという。

テッキョンとはなにか。それは、この民族が伝統的に育んできた、足を飛ばすという動きを中心にした、武芸的な遊戯である。この素朴な遊戯を原型として、その後「テコンドー」という洗練された競技がつくられた。テッキョンは、ふたりの男が「プム」という基本姿勢で向かい合い、足を主に使って（蹴ったり掛けたりして）相手を倒す。ルールは簡単、技も自由自在で、窮屈なところがない。

このテッキョン、近代化とともに廃れ（併合植民地時代には日本の弾圧もあったと語られている）、ほとんど記憶するひともいなくなっていたが、幾人かの剣客ならぬテッキョン使いが細々と命脈を保っていたのが偉大であった。このひとたちのおかげで、テッキョンというスポーツがこの世から永遠に消え去るのが防がれたのだった。それは、一九八三年に重要無形文化財の指定を受けた、宋徳基《ソンドッキ》（一八九三―一九八七）と、その弟子である辛漢承《シンハンスン》（一九二八―一九八七）のふたりである。

文献にもテッキョンのことは、簡単ながら出ていて、「托肩」「脚戯」「飛脚術」などと呼ばれている。やりかたが劇しいものと遊びのようにおだやかなものとがあり、文献やひとの話によってばらつきがある。二十世紀初めの『海東竹枝《ヘドンチュクチ》』には、「拙《つたな》い者は相手の腿を蹴る。達者な者は相手の肩に足をぶつける。足を飛ばす技（飛脚術）

を持つてゐる者は、相手の髷《まげ》を蹴り落とす」とあるから、これはかなり劇しくクイックで豪快な競技だったことがわかる。

『海東竹枝』にはまた、こんな詩が載っている。「百技神通せる飛脚術。軽々と髻《もとどり》・簪《かんざし》の高さを掠《かす》め過ぐ。花を闘ふは自ら是れ風流の性。一たび貂蟬《てうせん》を奪へば意気、豪たり」（梅下《メハ》・崔永年《チェヨンニョン》）。

韓くにの高き天空の下、男たちの筋肉が疾風《はやて》のように翻り、ぶつかりあう音が聞こえる。なんと豪放な意気であろう。ところでこの詩の「貂蟬《ちょうせん》」は高位の「冠」と解釈されているが、正しくは、後漢の歌姫の名をそれに掛けていると見るべきだろう。ある男が、もともと許嫁《いいなずけ》であった貂蟬をめぐってほかの男を殺し、女を奪ったという故事がある。「花を闘ふ」の花は女である。それは『海東竹枝』に次のような記事があるのを見てもわかるだろう。「（この飛脚術で）仇を討ちもし、愛する姫を奪ふ賭けもする」。

はるかに霞む王朝時代の韓くに、そこで多くの男たちが足で空気をつんざきつつ、青春を一瞬に燃やし切った、その燃焼音がビュンと聞こえる。

ちなみに最近復活したテッキョンは、目下韓くにの女性たちに大人気だ。

声の民

韓くにのひとびとのぬくもりは深いが、なによりもまずわたしは、そのひとたちの声の深さを想い起こす。ある外国語に惚れるということは、その外国語を話すひとびとの声に惚れることでもあると、思うのだ。

「声」を「ソリ」という。このことばは、「声」にも「音」にも使われるので、特に「人の声」を指していう場合には、「モクソリ」ということばを使う。

わたしが韓くにに暮らし始めた頃、下宿から丘を降りた交差点に、銀行があった。窓口に女性がいて、「オソ　オシプシオ（いらっしゃいませ）」「ソンニム、イッチョグロ　オシプシオ（お客様、こちらにいらしてください）」などという宇宙的な音を発するのだが、その声のあまりの娟雅《けんが》さ、あたかも幽宮の天女がその羽衣で雲を擦過して音を立てるかのような聖《きよ》らかさに、うっとりとしてしまった。極めて事務的な内容のことばであるにもかかわらず、その音の麗しさは信じがたいものなのだった。わたしはその窓口の女の声を聴くだけのために、何時間も銀行で過ごしたこともあったのだった。

もうひとつわたしをうっとりとさせたのは、FM放送の濡れたような女の声だった。

その頃、ソウル江南《カンナム》はまだ、現在のようにビルの櫛比《しっぴ》する地ではなかった。がらんとしていて、乾いた砂の舞う空虚な丘を、ぜいぜい走るバスで越えるという感じだった。

その眠くなるようなバスを降りて、暗い洞窟のような約束の店にはいると、FMが流れていた。手紙を紹介するその女のしっとりとした声は、黄砂で乾き切ったわたしの脳髄を、霧のように水色に濡らした。

また、テレビの紀行番組でナレーションをする初老の男の声も、痺れさせるものだった。韓くにの大地そのもののような、ごつごつとしているが朴拙《ぼくせつ》と香ばしい声様《こわざま》なのだった。

さらにラジオでニュースを読む男の声も、日本とは比較にならぬほど音が深かった。雪融けの泥濘《ぬかるみ》の道を歩いていると、道の脇のコンクリートの上に置かれたラジオから、無機質な重い声の定時ニュースが流れている。アナウンサーの声は、何十年も前の国家社会主義国の戦時放送のように重い。デモの夜、その持ち主のない孤独なラジオからは、デモのニュースが朗読されているのだった。

そのほか、真夏の街路で検問をする兵士の声。戦闘警察に逮《とら》われて叫ぶ女闘士の声。デモに出陣する学生たちの声、声、声。

声が、社会にガリガリとひっかかっていた。声が、国家をつくっていた。声が、人間を主張していたのだった。

それからまた、こんな声もあった。

ホテルのカフェでコーヒーを飲んでいた。ボーイが、わたしのテーブルの前に直立しながら、微笑み、暇であるのか、わたしに向かって日本語で話し続けているのだった。

「アナタハドコカラキマシタカ」

いつのことだったろう、知らない、午後だった。けだるく、玻璃窓《はりまど》の外はソウル特有の深い霞だった。

ボーイのことばははるか十年前に発音された音声のようにして、わたしの耳に届いた。声が錆びついていたからではない。その声には、まろやかに熟成してものみなを溶かすような甘さがあったからである。

彼の日本語は下手だった。そしてやわらかだった。

「ナライハジメタマダスコシデスョ。アナタワタシニオシエナサイ」

ボーイのことばを聴きながら長い時間が経ったような気がする。彼は最後まで微笑んでいた。わたしは脳の中がとろけそうになり、まどろみを誘う。肩の奥がしりしりと痛む。

「キョウモサムイデスネ」

かくも甘美なる発音器官の持ち主は、特別なことをいわなくてよい。むしろ、挨拶とか天気の話とか、そういう話だけをしていたほうがよい。

そういうひとが、この国には、いるのだった。

山と巫女

「巫女《みこ》」を韓くにことばで「ムーダン（巫堂）」という。

韓くにで暮らし始めた頃、麗《うら》らかな春の日も、灼熱の夏の日も、光り美しい秋の日も、わたしはかの中世ペルシアの天文学者よろしく、ひとりひっそりと岩孔《いわあな》のような小暗い部屋に閉じ籠り、韓くにの鬼神や神話や奴婢《ぬひ》や巫覡《ふげき》やらの古い書物の山に文字通り埋もれて、この民族の魂の研究をしていた。韓くにの巫女が歌う死者を呼ぶ歌の詞を覚え、夜更けにひとりその歌を歌うのが、わたしの密かな娯楽になっていた。

「アモドアモコルアモドンアモソンマンジェシ、ソンファチャンネロチャボオリャブンブガジオムハニ……イバマンジェヤ、オソパッピナスゴラ、チョンドンガッチティジルニ、カテギムノジゴ、ウジュガパックィヌンドゥ、アモセンマンジェシイルシンスジョギボルボルトルリゴ、チンテユゴクテョッスルチェ……」。

この呪文にどんな意味がこめられているのか。

「『何某道何某郡何某洞何某姓の亡者を星火捉来《またたくま》に捕へ来れ』と命令厳かなれば……『見よ、亡者よ、早く出で来れ』と、雷の如く叫べば、家屋倒れて、宇宙顛倒するが如く。何某姓の亡者は全身と手足を震はせて、進退維《こ》れ谷《きは》まれる時……」（赤松智城・秋葉隆『朝鮮巫俗の研究』所収「死の語」より）。

これは併合植民地時代に採集された、韓くにのシャーマンの「死者の歌」である。わたしは全く孤独な生活をしていた。しかし時々外に出ては、あちこちの巫女に会い、「クッ」と呼ばれる巫儀を見物して歩いたりもした。

わたしが時折訪ねるのは、北漢山《プッカンサン》の中腹で行なわれる死者どうしの結婚式であった。たとえばある日のこと、死者はともに若い男女であったが、結婚しないままに男は事故死し、女は病死したのである。韓くにでは伝統的に、総角《チョンガク》（未婚の男）・処女《チョニョ》（未婚の女）が死亡すると、その「恨《ハン》」を解くために、死者どうしを見合いさせて結婚式を挙げるという「霊界結婚」の風習がある。

鳴り物で賑やかさを装ってはいたが、その喧騒と同じほど実に寂しい結婚式ではあった。恨（あこがれと悲しみ）は解かれて、ものしずかに翠巒《すいらん》へと消えた。

巫女は多く、街にいる。そのほうが顧客が多く、営業しやすいからだ。

しかし山に棲む巫女もいる。人里離れた異界に霊的な場があって、そこに巫女たちは集まるのだ。

韓くにの巫《ふ》には大きく降神巫《こうしんふ》と世襲巫《せしゆうふ》の別があるが、降神巫の場合、女が突然、鬼神に憑かれ、「遠方のことがよく分り、神将雑鬼《しんしやうざつき》の姿が眼にちらつき、遠くの路傍で騒いでゐる人声が聞え、杖鼓《ぢやうこ》の音銅鈸《どうばち》の響が耳について、切《しき》りに賽神《さいしん》の場所に行きたくなり、又野山に飛出したい気持がした」り、「突然何となく招き誘はれるやうな気持になつて、赤裸のまゝ外に飛出して走り行き、二三里ばかり行つた所の一軒の田舎家の前にあつた積藁《つみわら》の上にのぼり、手を打ち狂ひ踊つたまゝそこに卒倒して」しまうのであった（赤松智城・秋葉隆、前掲書より）。

そしてものに憑かれたのか気が狂ったかのようになった彼女らは山野をさまよい、多くの場合そこで刀・鈴・鏡などの神器を偶然発見するのである。

実に韓くにには、山が近い。

山岳信仰や深山での修行などは日本でも盛んである。しかし、韓くにではなぜか、日本よりも山が近い、と感じられるのだった。

もちろんここで「山」というのは、登山する対象の物理的な山を指すのではない。「世の中」の外へ逃げ、身を潜め、隠棲する。そのような場としての山が、韓くにではごくごく身近に感じられた。

わたしも失意の一時期、昼間からよく山をさまよい、銀の剣を探したものだった。するとそこには、わたしと同じく昼間から虚ろな目をし、銀の剣を探して夢遊病者のようにふらついているひとが、何人もいたものだ。

天から星の降る夜に

韓くにことばで「天」を「ハヌル」という。

この語は、単に物理的空間としての天空を指すというより、もっと宗教的で哲学的である。もともと大陸系の太陽信仰・天空信仰が根強い民族なのだ。いろいろな説があるが、ハヌルは「大きい」という意の「ハン」と「日／陽」という意の「アル／ナル」がくっついてできた語、という有力な説がある。この「ハン」というのはそのほかにも「偉大な」「ひとつの」「真正の」「充ち満ちた」などという多様な意味を持っており、「ハン思想」というこの民族独特の思想にまで昇華されている。

たとえば古朝鮮を開国したとされる檀君《タングン》の父・桓雄《ファヌン》やその父の桓因《ファニン》などの「桓《ファン》」もこの「ハン」と同根であり、韓国の「韓《ハン》」も同じであるとされる。

天は神である。「ハヌルリム」「ハヌニム」などと呼ばれて崇拝される（「ニム」は尊称）。この信仰とは別に、中国儒教の天思想の影響も強く、特に性理学が花開いて天理は儒者の最高原理となる。

そしてこの宗教と哲学のふたつの流れはついに、「すべてのひとが天である」という東学《トンハク》思想にまで受け継がれることになる。

「星」は韓くにことばで「ピョル」。

済州島《チェジュド》の神話では、太陽や月よりもまず、星が生まれた。東の牽牛《けんぎゅう》、西の織女（織姫）、南の老人星（南極星）、北の北極星、そして真ん中の三台星がそれである。

牽牛、織女といえば、七夕は韓くにでも伝統的に重要な日だった。陰暦七月七日の夜に雨が降るのは再会の喜びの涙、翌日の夜雨は別れの悲しみの涙だ。喜びの涙が降ればその年は豊作といわれる。それからこの日には、鵲《かささぎ》が銀河に烏鵲橋《オジャッキョ》という橋をかけるために皆天に飛翔してしまい、地上には一羽も残らなくなるといわれる。この日はまた曝書《ばくしょ》の日でもあった。

星と農業が深い関係にあったのは韓くにも同じ。農占というのがあり、陰暦二月六日の昴《すばる》と月の位置関係で、その年が豊作か凶作かを占うのである。

また北斗七星に対する信仰もこの民族は極めて深い。七星神《チルソンシン》は人間の寿命に関与する。特に子どもの無病長寿を、母親たちは七星神に祈ったのである。

男は十歳、女は十一歳から九年ごとに星がやって来る。これに当たるひとびとは「厄除け」をする。藁の人形をつくって米とお金を入れ、生年月日を記して小正月の前夜に道に捨てるのだ。そしてこれを拾ったひとに厄が移るのだという。

さて、星といえば韓くにびとの誰もが思い浮かべる詩人が、尹東柱《ユンドンジュ》（一九一七—四五）だ。日本の同志社大学に留学中、思想犯として突然逮捕された彼は、解放直前に夭《わか》くして福岡刑務所で死ぬ。遺稿『天空と風と星と詩《ハヌルグアパラムグアピョルグアシ》』はその死後に出版された。真摯で寡黙な姿、意志的で優しい微笑、静かな思索に満ちた少年性を澄ましに澄ませて透明な闇に消えた彼は、いまでも韓くにで最も慕われている詩人だ。

死ぬる日まで天をあふぎ
一点の恥づかしさもなきことを、
木の葉に起こる風にも

ぼくはこころわづらつた
星をうたふこころで
なべて死にゆくものを愛さなくては。
そしてぼくに与へられた道を
あゆまなくてはならぬ。

こよひも星が風にかすめ吹かれる。

（「序詩《ソシ》」）

尹東柱こそは、「星の詩人」というにふさわしい。彼の詩には星がふんだんにちりばめられている。それはきらびやかでなく、凍《い》てる天に寂しく光る希《ねが》いのような、しるしであった。

韓くにの天といえば、忘れてならないのは月。昔から、韓くにの空は高く、月が美しいのだといわれている。そして月といえば、わたしが思い起こすのは、「花郎《ファラン》」なのだ。花郎というのは、新羅時代に青年貴族から選ばれた夭《わか》き、みめよい戦士。美貌としなやかな身ごなしで、儒教・仏教・道教を融合した「風流道」の修行を積むため新羅の麗しい山河を駈けめぐった。わたしは花郎というと、レニ・リーフェンシュタールがベルリン・オリンピックの際に撮った映画の中の、ゲルマン戦士の官能的で絶美な姿を想起するのだ。

その花郎の高き志と美とを称えた詩がある。『三国遺事《サムグクユサ》』（高麗《コリョ》の一然《イリョン》が一二八〇年代に編纂した史書）に収められている、郷歌《ヒャンガ》（新羅特有の詩歌）である。

闇を開き切り
あらはれたる月の
白き雲追ひさすらへるもと
直青《ひたあを》なるせせらぎに
耆婆郎のかんばせあり。
早瀬のさざれに宿れる
郎のこころの果て追ひ慕はむと。
おお、松が枝《え》のごと孤高にして
冷たき霜も知らぬ花郎よ！
（忠談師「讃耆婆郎歌」）

ああ、秋の花咲き乱れる謐《しず》かなる木叢《こむら》の翳《かげ》で、戦いに敗れ、息たえだえに夭折する花郎。その桃色の頬に、冷たい銀河の光りが降り注ぐ姿よ！

草の民、民の草

草に囲まれて草のように強く生き続けて来た韓くにの民衆。その草の文化に接することのできる小さな博物館がソウルの清潭洞《チョンダムドン》にある。「藁・草生活史博物館」。館長は印炳善《インビョンソン》女史だ。

一九九三年、その開館最初の展示物として彼女が選んだのが、マンテだった。

卵マンテ

マンテ（マンテギともいう）は、藁や草でつくった袋の総称。飼葉《かいば》を入れるなら飼《コ》葉《ル》マンテ、雉《きじ》狩りの獲物を入れるなら雉《クオン》マンテという具合に、入れるものによって名がつけられ、その種類は数十に達する。柿《カム》マンテ、木《ナム》マンテ、鎌《ナツ》マンテ、銭《トン》マンテ、道具《ヨンジャン》マンテ、将棋《チャンギ》マンテ、市場《チョジャ》マンテなど、用途ごとに大きさや形も様々である。仔豚や仔犬を市場に売りに行くときに使う仔豚《セキテジ》マンテ、肥料を運ぶ犬糞《ケトン》マンテなど、韓くにの風俗をよく表わす史料でもある。材料も稲藁を初めとして麻、ワングル、茅《ちがや》、萩や種々の木の皮など、用途や地方の別によって実に多様だ。

「藁や草の文化は、まず第一に農民の文化。つまり生産者の文化であり、装飾性や芸術性を追求したものとは違う。それでいながら原初的な素朴美を持っている。特別な芸術家ではなく、すべての農民が美意識・創造性を持っていたということになる」

藁・草の文化が持つ民衆性を印炳善女史は強調する。

「収穫物をすべて吸い取られて、農民に残るのは藁や草だけ。それを材料にしていろいろなものをつくった」

女史の父は、併合植民地時代の農業経済学者・印貞植《インジョンシク》（一九〇七―？）であり、また夫は著名な民族詩人・申東曄《シンドンヨプ》（一九三〇―六九）である。彼らは「民草《たみくさ》」を研究し、謳った男たちなのであった。父は共産主義者であり、農村を踏査しながら民俗研究の必要性を強調していたが、日本の官憲によって投獄され、解放後に北朝鮮へ渡った。夫は東学《とうがく》革命の民衆たちに自己を投影させ、「誰が天《ハヌル》を見たというのか」「殻《コプテギ》は去れ」「錦江《クムガン》」などの劇しい詩語で現代文明や社会を批判したが、当局により発禁を受け、抑圧的状況に抗しつつ一九六九年に死んだのである。

最も身近な男たちがこのように「民草」にこだわったという事実と、印炳善女史が「草」に沈潜することのあいだには、深い運命性が横たわっているのだった。

「第二に、藁や草の文化は、自然の材料。稲・麻・苧《からむし》のように栽培するものもあれば、野生草を利用する場合もある。どちらも、自然破壊とは関係ない。決して枯渇しない材料だし、廃棄するにも公害とならない。この意味でも見直されるべきだ」。韓くにの青草は、刈り取って使えば使うほどさらに生命力を増し繁茂するという。韓くにの青き人草と同じ抵抗力を持っているのである。

このような藁・草文化が、経済開発とともに、農村でも急速に消え去っている。印炳善女史が十数年前から韓くにをくまなく歩きながら実物二千三百点、写真二万五千点を採集して来たのは、一度消え去ったら永遠に忘れられてしまうという危機感からだった。「これまで伝統文化の保存の対象になって来たのは、支配層である両班《ヤンバン》の文化がほとんどだった」。

同時にマンテの編み方や植物・道具の名称など、貴重な調査も行なった。また中国の雲南や日本などにも直接足を運び、藁・草文化の比較も行なっている。

生産者である庶民の文化。そのことが持つ意味を、女史は次のように語る。

「ものをつくるということの大切さが、いまの社会では忘れられている。学校ではものをつくる教育をしていないし、店に行けば出来合いの商品が溢れている。伝統的な藁・草の文化には、自分の使うものを自分がつくるという喜びがある」。

「両班文化における芸術品というのは匠人がつくって両班が享受したもの。しかし藁・草文化は庶民がつくって庶民が使った。そこが違う」。

様々なマンテを見て驚いたのは、その新鮮なデザインの力である。卵《タルギャル》マンテ、酒《スル》瓶《ピョン》マンテ、弁当《トシラク》マンテ、種《シアツ》マンテなどの形は、現代の西欧風デザイン全盛時代には、むしろ極めて力強いオーラを放つ。規格的でなく、民衆の生それ自体のように朴訥《ぼくとつ》とし、弾力的に歪み、ごつごつと荒々しい。しかも半島の土の歴史的な匂いと民草の喜怒哀楽愛悪欲が、黄昏の最後の陽光のようにたっぷりと溶けこんでいる。

今後はデザイン再現の仕事にも取り組み、藁・草用具の美を現代に活かす方法も考えたいと女史はいう。

「われわれは、生きて逝くのではなく、いつまでも生きながらあるのだ」。

印炳善女史が、中東曄詩人の生家に掲げた詩の一節である。父も夫も疾風《はやて》のように去ったが、実は去ったのではなく、われわれとともにいまここにいるのだ。

中身のない殻は去れ。
漢拏《ハルラ》から白頭《ペクトウ》まで、かんばしき土のこころのみ残り、あのすべての鉄は去れ。

（「殻は去れ」）

誰が天を見たといふのか
誰が雲のひとむらもなく清い
天を見たといふのか
………
おまへが見たものは、
屋根をおほへる鉄の甕《かめ》
それを天と思ひ
一生を過ごした。
（「誰が天を見たといふのか」）

土と草と天の陽を謳いつつ三十九歳で逝った詩人の魂も、藁・草の中に生々と宿っているだろう。

五月、その日がまた来れば

「涙」を韓くにことばでは、「ヌンムル」という。「ヌン（目）」の「ムル（水）」という意味だ。

涙といえば、五月を思い出す。

五月のソウルでは、路上で誰もが泣いていた。八〇年代から九〇年代の初めにかけてのことだ。「五月」は、死と再生の巨大なしるしなのであった。一九八〇年の「光《クァン》州《ジュ》抗争」の恨《ハン》が、韓くにに渦巻いていた。

特に劇しかったのは、一九八七年、民主化運動が最高潮を迎えたときのことだった。五月の抗争が六月に雪崩《なだ》れこみ、六月末には韓くにが燃え熾《さか》っていた。

バスがソウル特別市中心部に近づくにつれて、催涙弾のガスが頭の芯を衝く。

軍事政権を糾弾するための市民デモが連日繰り広げられている。サマータイムの午後七時の街は、白昼であるかのごとく明るく煙っていた。ソウル市庁舎前の広場で戦闘警察たちが列をなしている。

今日行なわれる予定だった「平和大行進」は、公権力による劇しい弾圧のためまだ始まっていないらしい。市内各所でひとびとが集まると催涙弾により蹴散らされ、ひとびとはまた場所を変えて集合する、という戦いが続いているらしい。

ひとびとはマスクをし、目の周囲にはビニールを貼り付け、あるいは仮面をかぶりながら、泣いていた。

このガスは「涙を催す」などという悠長な名で規定されるものとは杳《はる》かに異なり、

すでに姑息な化学兵器の範疇である。わたしの脳は痛く、涙と洟《はな》とは暴れるがごとく溢れ、胸は裂けるように苦しかった。呼吸ができないのである。立っていられないのである。

催涙ガスを嗅いだときの刺戟を、「メプタ（辛い）」と表現する。しかしこれは「辛い」を通り過ぎてすでに「痛い」のだ。「痛い！」というのを韓くにのことばでは「アッパ」とか「アッポ」などと発音するが、本当にこれは息を塞がれたままアップアップという感じなのであった。

呼吸が停止してゆく感じ。

ソウルのデモの後、わたしはただちに光州へ向かった。

光りのまち、光州は青い光りに包まれているようだった。数年前に流された夥しい血がいま、青き光りの粉となって降り注いでいるのか。

催涙弾の霧の中、市民たちが目抜き通りの錦南路《クムナムノ》へ一歩でも入ろうと、戦闘警察たちと揉めている。

生命保険会社のビルディングの屋上に学生たちが陣取り、そこで演説をし歌を歌いながら、火炎罎《びん》を投げ、石を投げる。

女子学生が歌っている。学生が軍に入隊するとき、友人たちが送行に歌う歌だ。女子学生の歌はラウドスピーカーで痛々しく拡声され、ところどころ音を割りながら、悲愴なリズムで続くのである。

列をなす戦警たちに火炎罎がぶち当たる。道路と街路樹とが燃えている。学生戦警たちは火炎罎や石を当てられてもただ列をなしたまま逃げまどうばかりである。彼らは無力だ。徴兵された大学生たちの組織である学生戦警たちは、列の最前面に立ち、デモ学生たちの士気を弱める役割を担っているという。これとは逆に、職業戦警はデモを鎮圧し、学生を逮捕する役割を担っているらしい。「忍」の一文字が漢字で大きく書かれた防弾盾を持ち、学生戦警たちは無言・無表情で立ち尽くし、あるいは逃げまどう。

女子学生の歌は廃墟の古城で催されるオペラのように朗々と響き渡り、その悲痛は孤独な霊魂のごとく夏空に飛び漂う。「五月《オウオル》、その日《クナリ》がまた来れば《タシオミョン》」。

風は凪ぎ、塔は揺れる。

職業戦警たちにより撃たれた催涙弾の霧は濃く、ひとびとの脳と肺とを沸騰させる。目と鼻からはそれぞれの場所から出るべき水分がとめどなく流出するのだった。仮面をつけても役に立たず、ひとびとは裏通りへ、裏通りの店の中へと走って避難する。

わたしもまた裏通りの粗末なパン屋に駈け込み、そこでとめどもない涙を流した後、肺の痛みを抑えるために粉々《こなごな》しいコーヒーを飲んでみる。悲しいから、涙が出る。感情と現象とのそういう因果関係が逆転する。涙が流れると、悲しくなる。悲しいという感情が出て来る。わたしは光州のど真ん中で、悲しかった。悲しむ対象は、わからなかった。わからないまま、ただ悲しんだ。

表通りから女学生の歌が遠い追憶のように聞こえて来る。歌はいつしか、「闘士《トウサ》の歌《ノレ》」というものに変わっていた。その響きはたとしえもなくパセティックで、わたしはいまでもこの歌を歌えば、あの催涙弾の刺戟のような涙がにじむのだ。

われ生まれ落ちこの山河に闘士となりて
花咲き雪降り気づけば三十年
なにをした？　なにを希《ねが》ふ？
われ息果て、この山河に埋づめられれば
それで仕舞ひ
ああ二度と戻らぬ流れ去つたわが青春
青き衣とともに消えた

この歌はもと、「老いた軍人の歌」というものであったが、「闘士」に替え歌されたものである。

韓くにびとの楽天性

「始まりが半分だ」という韓くにのことばがある。「百里の道は九十九里を以て半ばとす」という日本の諺《ことわざ》とは正反対のことばである。

楽天的、というか、自分の能力の可能性を根っこから信じ切っているというか。「明日までにこの仕事、できますか？」と韓くにびとにいってみるがよい。どんな状況でも必ず、「ネー、ハルス イッソヨ（はい、できますよ）」という答えが返って来るはずである。「アニョ、ハルス オプソヨ（いいえ、できませんよ）」という答えが返って来たら、それは驚きだ。本当に全く忙しくてどうしようもないのか、あるいは「できる／できない」という能力以外の問題、たとえば「あなたの仕事は個人的にするのが嫌だ」とか「ペイが少なすぎるので嫌だ」とか「この仕事をしてもわたしの得にならないので嫌だ」とか「今夜は家で祖先崇拝の祭祀があるのでできない」などといった理由で「ハルス　オプソヨ」といったに違いない。

韓くにびとはたいてい、日本人よりも仕事を簡単に考える。日本人のように、自分の能力で容易にできる仕事でもへりくだって、「いや、できるかどうかわかりませんが、やらせていただけるのでしたらぜひ一応検討してみたいと思っておりますが、何分当方もいろいろとございまして、万全を期するために来週までにご返事を差し上げたいと思いますが、ぜひこの機会に御社とも末永いおつきあいをさせていただきたいとも存じ上げておりますものですから……」などと、一体全体やりたいのかやりたくないのかさっぱりわからない、実に不可解なまどろっこしい言い方は絶対にしない。

「できますか？」

「できますよ。われわれがやればとても簡単ですよ。ほかのところではできませんよ」

「一か月くらいでできますか？」

「これなら一週間あればできますよ」

と、いたって簡単明瞭なのだ。

十九世紀末の韓くにを旅した英国女性イザベラ・バード（一八三一―一九〇四）は、その著『朝鮮紀行』で、「知能面では、朝鮮人はスコットランドで『呑みこみが早い』

という天分に文字どおり恵まれている。その理解の早さと明敏さは外国人教師の進んで認めるところで、外国語をたちまち習得してしまい、清国人や日本人より流暢に、またずっと優秀なアクセントで話す」（時岡敬子訳、講談社学術文庫版）といっている。

他方で韓くにびとたちの著しい無気力・怠惰・自暴自棄の生活像も、バードを含む外国人によって数多く報告されている。後に一九六〇年代から朴正煕《パクチヨンヒ》大統領が、「ハミョン　テンダ（なせばなる）」というスローガンを掲げて国民の意識改造をしたのも、このような無気力状態を気力あふれる社会に変革しようとしたものなのかもしれない。そしてこの韓くにびと改造計画が大成功したのも、もともと韓くにびとが「可能性に対する楽天性」を強く持つ性善説の民であったからなのだろう。

学歴至上主義

初めて韓くにに行った一九八〇年代の中頃、夜の十一時半頃に道を歩いていたら、通り過ぎたバスの中に女子高校生がぎゅうぎゅうづめに乗っている。「韓くにの女子高生というのはとんでもない遊び人ばかりだな。でもこんな遅くまで制服着てどこをほっつきまわっているんだろう。親はなんともいわないのか」などと思って知り合いに尋ねたら、「あなた、なにをいっていますか！　彼女たちは学校で勉強してるのですよ！」と怒鳴られた。弁当を三つか四つ持って朝の六時に学校に行き、夜の十一時すぎまで勉強しているのだという。

さすがにその頃はすでに、大学生が制服・制帽姿で街を闊歩し、その制帽に付いているバッジでなに大学のなに学部に通っていることがわかったりする時代は終わっていた。国民から支持されない全斗煥《チョンドゥファン》大統領がソウル大学の入学定員を増やしたら急に人気が上がったり、駅で大学生が喧嘩をしていると駅員が来て「大学生さま、ここで喧嘩はおやめなさってください」などといったりするのも過去のことだった。学歴社会を批判する記事が新聞や雑誌に出たり、雨後の筍のようにたくさんの新設大学ができて「大学生」は偉くもなんともない存在になっていた。

しかしそれでも、学歴社会の本質は変わっていないのだ。日本と違うのは、その当時はすべての大学が修能試験（日本の大学入学共通テストのようなもの）の点数によって完全に一律に序列化されていたことである（近年は修能試験の比率減少や、芸術系の人気など、韓国の大学にも変化が大きい）。そして「大学にはいれたかはいれなかったか」も重要だが、この修能試験の点数もまた、重要だったのである。これはあきらかに、高麗時代からの伝統がある科挙の影響だ。科挙というのは儒教的な官僚候補選抜試験であるが、これはただ合格したかどうかが重要なのではなく、何番で受かったかが決定的に重要なのであった。トップで受かることを韓くにでは「壮元」というが、この壮元をすべての受験生は狙っているといってよい。ある年の修能試験では全国受験生のトップがソウル大学の某学科受験生であった。しかし第二位も同じ学科の受験生であった。だからこの二位の学生は、すでに初老になったいまに至るまで、「全国二位だが学科で一番にもなれなかったひと」としてひとびとに記憶されている。わたしの知る某教授は、その学問的業績も業績だが、修能試験で全国二位だったことが学生たちから尊敬される理由のひとつとなっていた。このメンタリティこそ、あきらかに科挙の伝統の国のものである。日本でもかつての高等文官試験や国家公務員上級試験にその傾向があったが、韓国の国を挙げての大々的な順位競争とは比べようもない。全国トップでソウル大学に入学した学生を輩出した村では村人たちが広場に出て夜通し踊り続け、それをテレビニュースで生中継報道していたのである。

さて、韓国ドラマを見ていると受験や大学生活や留学などがよく描かれている。大学生の役柄でわたしが最も好きなのは「愛の群像」のジェホ（ペ・ヨンジュン）だが、彼は八〇年代から九〇年代の大学生の雰囲気をとてもよく醸し出している。家が貧しくて苦学する学生たちがたくさんいた。大きなかばんに教科書をつめて、思いつめた顔をして勉強にはげんでいた。彼らが持ってくる弁当は、白米にキムチだけだった。

昼食時にみんなで食堂に行くと、そういう苦学生は友達のおかずに無言で箸を伸ばして食べていた。「分かち合い」という概念がいまよりずっと強かったのだ。

そういう苦学生もいれば、派手なドレスを着てくるお嬢さんたちもいた。貧富の差が日本では考えられないほど激しかった。お金持ちはあからさまにお金持ちの格好をし、映画かなにかの主人公のようにキャンパスを闊歩《かっぽ》していた。そのほか学生運動をする学生たちは、ジーンズと質素な身なりで闘争に明け暮れていた。そのような社会のエネルギーと矛盾とダイナミズムが、韓国のドラマや映画のおもしろさにあきらかに結実しているのである。

麺──ククス

「いつ麺（ククス）を食べさせてくれるんだ？」というのは、「おまえ、いつ結婚するんだ？」という意味。伝統的な結婚式の披露宴では麺を出してもてなしたので、こういう表現が生まれた。韓くにことばを習い始めて半年か一年すると、たいていこの表現を教わることになる。

韓くにには肉も野菜も果物もうまいが、麺もまた奥が深いものがある。

有名な麺としてはもちろん冷麺がある。韓国の店で「レーメン、レーメン」と注文していたらレモンが出てきたという日本の某タレントの話を聞いたことがあるが、冷麺は韓くにことばで「ネンミョン」というのであって、「レーメン」じゃあ通じるわけはない。

冷麺はうまいというひともいるが、残念ながらわたしは本当にうまい冷麺に出合ったことがない。北朝鮮からの亡命者(脱北者)がやっているソウルの有名な冷麺の店は、いつでも客が溢れている状況だが、味はどうもピンと来ない。また、玉流館《オンニュグァン》といえば平壌《ピョンヤン》の老舗で、ここの冷麺こそ朝鮮最高の味といわれる。わたしはこの店に二度行ったことがあるが、ゴムのように弾力性があって噛み切るのに難儀するのはさすがに本物の貫禄充分。だが、涙が出てくるほどうまい、というわけではない。「ムㇽ(水)冷麺」も「ピビㇺ(混ぜ)冷麺」も「フェ(刺身)冷麺」も、わたしの味覚にはどうも合わないのかもしれない。

それとは逆に、わたしがこよなく愛するのが「ククス」という麺類である。典型的なククスは「カㇽ(刀)ククス」であるが、これ以外にもククスの種類は多い。

韓国に行けば必ず食べるのが、ソウル市庁舎の裏にある店のククス。さっぱりとした超薄味のスープに、上品な淡い味の麺。この店は最近日本のガイドブックにも載るようになったし、店に日本語のメニューも貼り出してあるので、日本人の客も来るらしい。味が以前よりも落ちた感じがしたのは、気のせいだろうか。クㇰスといえば、これほどうまい麺を食べたことがない、というほどうまい店が、かつて城北洞《ソンブクドン》にあった。慶尚北道《キョンサンブクト》・安東《アンドン》の両班《ヤンバン》の家でつくるのと同じつくり方で安東カㇽクㇰスを出す店だった。以前テレビで安東カㇽクㇰスの伝統的なつくり方を詳しく紹介していたが、これが実に手の込んだ料理である。できあがったものは大変シンプルなのだが、できあがるまでが結構複雑なのだ。

うまい安東カㇽクㇰスを食べさせる店は城北洞の山の中腹にあった。わたしはこの山の中腹に用事があって、ちょくちょくここへ通ったものだ。都会からほんの少し離れているだけなのに、ここは別世界のように静かで、仏教や新興宗教の寺なんかが点在していた。独立運動家であり詩人であり仏教改革者であった萬海《マネ》・韓龍雲《ハンニョンウン》（一八七九—一九四四）の晩年の棲み家であった尋牛荘《シムジャン》も、ここに現存している。

そして城北洞の帰りにわたしは、よく安東のクㇰスを食べた。まろやかなスープが絶妙な味わいをかもし出し、体の芯まで温かくなる。しかしこの店は、ある日予告もなく無言で廃業してしまった。いまはなにも残っていない。それが、韓国式なのである。

なお、最近韓国でとびきりうまいクㇰスを食べたことをひとこと付け加えたい。それは冬沈《トンチミ》クックスというもので、冬の暖かいオンドル部屋の中で、冷たく凍った冬沈（大根のキムチ）の汁の中に、白い麺を浮かせて食べるものだ。昔から冬によく食べた家庭の味だが、これを江南《カンナム》の料理屋で食することができた。酸っぱい透明なキムチの汁と、宝石のようなたっぷりの氷と、細い麺のとりあわせが絶品で、思わずわたしは一瞬、もう一度日本を捨てて韓国に住もうか、と考えたものだ。

第三章

韓くにの季節

韓くにのことばは日本のことばと同じく、季節の移り変わりの中で育まれ、磨かれて来たもの。

だから韓くにのことばの美しさはそのまま、韓くにの四季の美しさです。

四季を旅する足どりを緩め、景色のひとつひとつ、音や香りのひとつひとつに宿ることばを、口遊《くちずさ》んでみてください。

春風のそよそよと吹く音は「サンドゥルサンドゥル」。

五月雨《さみだれ》のしとしとと降る音は「プスルプスル」。

蟋蟀《こおろぎ》のころころと鳴く声は「クィトゥルグィトゥル」。

温突《オンドル》のぽかぽかと暖かいさまは「フックンフックン」。

もゆらなる玉の瓊音《ぬなと》のような韓くにのことばたちが、わたしたちを美しい四季へといざないます。

よみがえる詩人の魂のように

「立春大吉、建陽多慶」。

韓くにの昔の家の門扉や梁《はり》には、こんな文字がよく貼ってあったそうです。「天下泰平春、四方無一事」「父母千年春、子孫萬代榮」などの対句（対聯《テリヨン》）や、「春光先到吉人家」「一振高名満帝都」などという単句の揮毫《きごう》を、立春の日に貼るのです（これを「春聯《チユルリヨン》」といいます）。立春こそは、生命のよみがえりの日、よろこびの日だからでしょう。この日に天から降った雨を夫婦が飲めば息子が生まれる、と信じられていました。いまでは、「韓国民俗村（ソウルからバスで一時間ほどのところにある、朝鮮時代の住居、生活を再現した村）」に行けば往時の春聯を見ることができます。

さてさて、立春は過ぎても韓くにの春は遠い遠い。

しかし、いつまでも続くかとも思えた長い冬は、ある日唐突に終わることになります。

韓くにの春は、だしぬけにやって来るのです。

絵本のページをめくるように景色が変わるのは、木の緑と花の乱舞のせい。

真っ先にソウルの街を彩るのは、直黄《ひたき》のケナリ（連翹《れんぎよう》の一種）の花。この花が一斉に咲くと、ひとびとのこころは沸き立ちます。そしてチンダルレ（躑躅《つつじ》の一種）の朱《あか》い花が街を装飾します。

緑を踏みに野山に出かけるのを、かつては「踏青《タプチョン》」といいました。この日のたのしみは格別だったでしょう。

そこで見つける春の花の名前も、かわいくてたのしいものです。淡い紫色の花がかわいい「錦草《にしきぐさ》」は、「犬のふぐり草《ケブラルプル》」あるいは「春のかささぎ花《ポムカチコッ》」。小さな純白の花が奇麗な「朝鮮銀蓮花《ぎんれんか》」は「男やもめ風花《ホラビパラムコッ》」。黒紫色の「翁草《おきなぐさ》」は「おばあさん花《ハルミコッ》」。紫の「筆竜胆《ふでりんどう》」は「大きな玉ブンイ《クンクスルブンイ》」。「雪割草《ゆきわりそう》」は「ノロ鹿の耳《ノルグィ》」。「鈴蘭」は「銀の鈴花《ウンバンウルコッ》」。紅色が鮮やかな「華鬘草《けまんそう》」は「嫁のきんちゃく《ミヨヌリチュモニ》」。「酢漿草《かたばみ》」は、「猫の飯《クェンイパプ》」。清楚な純白の「銀蓮花」は「雉の風花《クォンパラムコッ》」。薄紅紫の大きな丸い花の「敦盛草《あつもりそう》」は、「犬のふぐり花《ケブラルコッ》」。雪の結晶のような放射線状の紫の「紫苞鳶尾《しほういちはつ》」は、発達した根でブラシをつくるので、「ブラシ筆花《ソルプッコッ》」。

花を愛でる韓くにのこころは、花のデザインを発達させました。服・装身具・家具などに描かれた韓くにの花々の意匠は、日本や西洋や中国の意匠を見慣れたわれわれの目には、むしろはっとするほど新鮮です。

「花垣《コッタム》」というのは、花の意匠のほどこされた王宮などの塀。中国のものとも違って、かわいい感じのするものです。

身のまわりのものに花の意匠をあしらうのは、その美とともに、「よみがえる」ことへの憧れが凝縮したものでしょう。冬の氷りついた凍野から、やがて色鮮やかな花々が春を告げるのは、昔のひとびとにとってまさに「よみがえり」のしるしそのものに見えたのに違いありません。

尹東柱《ユンドンジュ》（第七章参照）は、その「よみがえり」を草に託して謳っています。

胸の中にひとつふたつ刻まれる星を
いますべて数へえぬのは
すぐに朝が来てしまふからで、
明日の宵がまだ残つてゐるからで、
まだぼくの青春がきはまつてゐないからです。

星ひとつに追憶と
星ひとつに愛と
星ひとつにさびしさと
星ひとつにあこがれと
星ひとつに詩と

星ひとつに母さん、母さん、
……（中略）
ぼくはなにかしら恋しく
このたくさんの星の光りの降る丘の上に
ぼくの名前の字を書いてみて、
土でおほつてしまひました。
さうです、夜を明かして鳴く虫は
恥づかしい名前を悲しむためです。
けれど冬が過ぎぼくの星にも春が来れば
墓の上に青き芝のよみがへるごとく
ぼくの名前の字が埋まつた丘の上にも
矜《ほこ》りのやうに草が繁ることでせう。

（「星を数へる夜」）

夭折した詩人は、あらかじめ自らの運命を知るかのようです。青春の、極まる前に果てたこのひとは、一体なにを恥じ、なにをあこがれたのでしょう。春の星降る夜、丘の上でそっと詩人の名を呼んでみてください。

銀河ソウルで逢いましょう

韓くにの鞦韆《しゅうせん》（ぶらんこ）を、見たことがありますか。

鞦韆は韓くにことばで「クネ」。

長い長い綱を大木にかけ、宇宙全体を包みこむかのように大きな弧を描いて空高くまで舞い上がります。これは伝統的に女子の遊び、そして夏の遊びでした。

特に端午節の鞦韆遊びが有名です。この日は「女子の鞦韆日と称し、巨木の枝または支柱に長き綱を下げ、妙齢の霓裳羽衣《げいしゃううい》を翻し上下に動揺して登仙の気分を興ずる」（『朝鮮固有色辞典』）とあります。陰暦端午といえば、めらめらと夏の炎が押し寄せて来る季節。朝鮮時代後期の代表的な風俗画家・申潤福《シニユンボク》（生没年不詳）の絵を見れば、乾いた夏の空をつんざいて高く高く鞦韆を漕ぐ女たちの姿がなんとも涼やかで、気持ちよい。韓くにの最も有名なラブストーリーである『春香伝《チュニャンジョン》』で、主人公の李夢龍《イモンニョン》がヒロイン春香《チュニャン》に出会ったときも、彼女は鞦韆遊びをして空に飛翔していたのでした。

韓くにのことばで「浮気心」を「パラム（風）」といいます。どうも、風という概念は韓くにでは、日常の秩序を揺らし壊す魔力を持っているようです。科挙をめざして勉強中の少年・李夢龍《イモンニヨン》は、妓生《キーセン》の娘・春香の裳が鞦韆の描く弧のかたちに風を切ってたなびく色香と優美さに目が眩んだのでした。

端午には「女子は、菖蒲《しょうぶ》を煎じた湯で頭や毛髪を洗ひ、菖蒲の根を朱に染めて簪《かんざし》とする。これを菖蒲湯といふ。疫病除の呪詛《じゅそ》である。次いで艾《よもぎ》をとり薬用として貯へ、或は艾を門に掛けて魔除の呪詛とし、鳳仙花《ほうせんか》を採み爪を紅く染めて娯しむ」(同前)のでもありました。いまでも陰暦端午には、昔を偲んで菖蒲湯で髪を洗う行事が見られます。

さて、「チャンマ」と呼ばれる短く劇しい梅雨が終わると、燃え上がるような盛夏がやって来ます。

ソウルの夏は、眠らない。サマーソウルを訪れたひとなら誰もが、こう思うでしょう。

「夜」は韓くにことばでは、「パム」。

華やかな夜の予感は、黄昏どきから始まります。

日の長い韓くにでは、子どもたちが夕暮れ、陽の光りに照らされて、神のように騒ぎ、走り回っています。逆光の向こうでは細長い腕の少女たちがバドミントンをしています。

日が暮れかかろうとする頃、道ばたのすべてのひとが声を挙げます。貧しい町であるほど賑やかです。ごはんができたと呼ぶ声、今日の遊びの最後の叫びを叫ぶ声、道を塞いだといって犬と喧嘩する声、空を飛び交う軍用ヘリコプターと飛行機、今日の最後の豆腐や魚や野菜を売る声……それらの声が入り乱れて、豪奢に一日が暮れて行くのです。

午後七時の市場道は、ひとびとでごったがえしている。毎日が、祭りなのです。騒がしく、光りに溢れている。

峠のタルトンネ（「月の村」という意）と呼ばれる貧しい家々に光りが宿ります。そして教会の十字架たちが、空港の目印のようなオレンジ色の光りをあちこちで放ち始めるのです。

あれほど厳しく暑かった空気が、突然どこからか吹いて来た恵みの風とともに、癒されます。

ソウルの街は夜が更けても、巨大な夜市場《ヤシジャン》。電飾のハングルが未来的にぴかぴか。原色の韓くにびとたちの情がざわざわ。肉を焼く音があちらからこちらからじゅーじゅー。青唐辛子の歯ざわりがぴりぴり。

ひとびとが、永遠に続く祝祭のごとく輝やいています。ひとりひとりが銀河ソウルの星となり、金砂子《きんすなご》・銀砂子《ぎんすなご》をまぶしたかのようなソウルの夜で踊っています。その輝やきは、夜中まで、決して衰えることはないのです。

そして突然の静寂と、突然の睡眠。午前になると、原色のソウルも歓楽街を除いては、ようやく夜のしじまと変わります。夜はソウルで卒倒のようにだしぬけにやって来る。それはいつも、倒れるかのごとくやって来るのです。

……さてさて、長く劇しかった夏も、陰暦の七月ともなれば、ようやく秋の気配が漂い始めます。ちょうどその頃の美しい牧歌的な風景を歌った詩があります。李陸史《イユクサ》(一九〇四—四四)の詩です。

わがふるさとの七月は
たわわの房の葡萄《ぶどう》の季節
ふるさとの伝説は一粒一粒に実を結び
つぶらな実に遠い空の夢を宿す
　空の下の青海原は胸を開き

白い帆船が滑るやうに訪れると
待ち侘びる人は船旅にやつれ
青袍《あをごろも》をまとつて訪れるといふ

待ち人を迎へて葡萄を摘めば
両の手のしとどに濡れるも厭《いと》はず

童《わらべ》よ　われらが食卓に銀の皿
白い苧《からむし》のナプキンの支度を
（「青葡萄」安宇植訳）

さあ、いつのまに、もう秋はすぐそこなのですね。

秋の絶頂、韓くにの澄む
韓くにのことばを知るひとは、幸福です。そのゆたかなことばたちの、玲瓏《れいろう》たるひびきをこころゆくまで味わえるゆえに。

「アラム」という美しい音のことばがあります。辞書を引くと、「栗やどんぐりが熟れきって毬が弾けそうな状態、また、その実」（『民衆エッセンス韓日辞典』）とあります。熟れてはじけそうになった実は、みなぎる生命の力のかたまり。韓くにことばで「美しい」を「アルムダプタ＝アルムらしい」と表現するのも、この「アラム」と深い関係があるようです。

さて、秋はみのりと豊饒の季節であると同時に、凋落《ちょうらく》とかなしみの季節でもあります。

「ひとびとは、みのりゆく野辺の穀物からなぐさみを得もする。しかし野辺の熟れゆく穀物は、疼《うず》くこころに釘を打ちもするのだ」

「秋の大地には、実をむすんだのち偃《のいふ》した残骸がころがつてゐる」

というのは、朴景利《パクキョンニ》（一九二六―二〇〇八）の名作『土地《トジ》』のことばです。「かなしき追憶の絃《つる》」が、悽愴《せいそう》たる寒風に打たれて鳴り来たるのです。

十月、秋の絶頂。「秋」は、韓くにことばで「カウル」。光りに関係のある語という説があります。「ピッカル」は色という意味の韓くにことばですが、その「カル」という音は、古《いにし》え、太陽を表わす語だったそうです（「ピッ」は光りの意）。日本語の

「ひかり」、モンゴル語の「ゲレ（光り）」も同じ系統といわれます。

秋には、それはそれは澄んだ光りが、よろこびとかなしみを包みこみます。紅葉の、あるいは落ち葉のひとひらひとひらに、韓のくにの色とりどりの歴史と情感が、おのがじし宿っているのです。

たとえば、花。秋の花はあまたあれども、真っ先に想起するのは菊の花かもしれません。併合植民地時代の著名な文人、文一平《ムニルピョン》（一八八八—一九三九、号・湖岩《ホアム》）は菊花について書きます。

「菊花の佳品は、かつて高麗《コリヨ》の忠宣王《チュンソヌアン》が元の国から東還するときに持つて来たのだ、といふ者もゐるけれど、宋代の養菊の名家である范成大《はんせいだい》と劉蒙《りゆうもう》の『菊譜』を見ると、元の佳品が槿域《きんいき》（木槿《むくげ》の多い地の意で韓くにのこと）にもたらされるずつと以前に、新羅菊と高麗菊が漢土に渡つて植ゑられ、愛でられた。そして『菊経』には、その昔、百済時代に青黄赤白黒の五色の菊種を日本へもたらしたことが記されてゐる。これらのことから見ると、われら槿域にて菊を愛でたのも非常に遠い昔からのことであつたのがわからう。

菊は花のみを賞玩《しようがん》するのではなく、春には芽を食べ夏には葉を食べ、秋には花を食べ冬には根を食べるものである。つい最近までわれわれの年中行事のひとつであった花煎《ファジョン》あそび（山野で花を摘みながら油で焼いて食べる行楽あそび）は、春は杜鵑花《チンダルレ》、秋は菊の花でしたものだつた。

菊の花にまつはる伝説と絵画、詩歌は古今を通じて汗牛充棟《かんぎゅうじゅうとう》である。そのすべてを語ることはできぬけれど、五百五十年前に高麗の社稷《しゃしょく》に殉じた鄭圃隠《チョンボウン》に、『菊花嘆』といふ長編詩がある。そのうち数句を抜き出せば、「花は語を解さずと雖も我、其の心芳を愛す。平生酒を飲まざるも、汝の為に一觴を挙ぐ。平生歯を啓《ひら》かざるも、汝の為に一場を笑ふ。菊花は我が愛する所、桃李、風光多し」

この菊の詩にも、先生の心境が反映されてゐるのが、そこはかとなく知れる。菊の花が忠臣に愛され、忠臣が菊を愛したのは、けだし、理由があるのである」

（「菊花」『花下漫筆』）

花は単に美を鑑賞するものではなく、ひとの生きざまそのもののしるしなのです。

さて、韓くにの秋は乾いた印象がありますが、むしろしっとりとした秋を好んで描くひともいます。そのようなまろやかな秋をじっくりと味わうのなら、秘園《ピウォン》（秘苑、昌徳宮《チャンドックン》の中にある庭園）の演慶堂《ヨンギョンダン》を描いた崔淳雨《チェスヌ》（一九一六―八四）の文が、よい。

「思ひがけなく秋の音、雨の音に落ち葉がしつとりと濡れる午さがり、人影も鳥の声もとだえた秘園をたづねれば、うつろな林を背にした演慶堂は、あたかも若い未亡人のやうにものしづかで、寂しい。適度に重々しく流れるやうな瓦屋根の曲線、しとやかにかうべを挙げた両の軒の先が、その屋根の下に、梨の花のやうに素朴で気だてのよい、韓くにの心意気を包み、抱いてゐる。明るくそこはかとない窓と窓格子には、快適なる比率が羽を休め、壮大とか華美などといふものは足を踏み入れることもできぬ質素の美徳が、いくつもの宮殿と競ふこともなしに秋雨を受ける。

自然からにじみ出て来、自然の中へ連なつて行くかのやうなこの演慶堂の静寂の中には、おそらく、秋の精気がひだのやうに溶け込んでゐるのであらうか。落ち葉を踏んで庭の前に立てば、誰の悲しみとも知れぬ寂寥がわたしに襲ひかかつて来る。「春女思、秋士悲」といふことばがあるけれど、わたしのこの悲しみはおそらく、こころざしを果たせなかつた一凡夫のさみしい涙ほどとはいへぬだらう」

「いづれにせよ、演慶堂は充分に美しく、また韓くにの文化の結晶のやうなものだとわたしは考へる。韓くにと韓くにのひとびとが生んだ造形文化の中で、われわれがそこに住んで暮らして来た住宅文化ほどまざまざと韓くにの個性を露はにするものはなく、またその中でも最も洗練されたもののひとつが、まさにこの演慶堂なのである。民族の名によって磨き続けて来た韓くにの二千年の住宅史は、おそらく、この美しい結晶体ひとつを生むために存在したのかもしれない」（「演慶堂にて」）

崔淳雨は開城《ケソン》生まれで、国立中央博物館長をつとめ、ソウル大学校などで美術史を教えました。美術評論家でもあった彼は、なめらかで美しい文で韓くにの美をつづり続けました。彼の把える韓くにの美とは、飾らず、饒舌でなく、しとやかで、慈愛に満ちたまろやかさなのです。

さあ、うるわしき韓の秋にて感じるのは、寂寞《じゃくまく》たるかなしみですか、それともまろやかな豊饒ですか。いずれにせよこころゆくまで、秋の熟れゆき、染まりゆく音に耳を澄ませてみてください。

幻冬京賦

冬の旅人《ナグネ》は、韓のくにで、なにを見ますか。なにを聞きますか。

まだ全く暗い星闇の中を行き交うバスたちの喘ぎ声のはざまに、幼い生徒たちが朝の挨拶をするのを、聞きましたか。鮮やかなる朝の国の冷気と共鳴し、声たちが、天に放たれた矢のように凍って、美しく飛び交い乱れるのを、見ましたか。大きな星からこぼれた光りが、声の矢たちを一瞬照らしたのを、見ましたか。

朝の天使たちの行く道は、静かさと喧騒のカオス。そして街角からは朝のクク（スープ）の匂いと哀切な歌の調べ。道ばたに置かれた古いラジオからは、重い朝の男の声が流れています。

そのとき、今日の新しい太陽の光りが一条、霧のはざまから橙色に突然出現したのを、見ましたか。薄青白くゆっくりと流れる朝霧の絨毯が黄金《きん》色に輝やいて、次の瞬間うっすらと漢江《ハンガン》が浮かび上がってくるときの、泣きたくなるほどの美しさを、見ましたか。

こうして今日も、オヌル（今日）は、幻のように華麗に始まったのです。

冬の盛りのソウルの街を、ひとりで歩いてみたことがありますか。乾ききった寒風に吹かれ、光化門《クァンファムン》、鍾路《チョンノ》あるいは明洞《ミョンドン》の道を、ずんずん、ぐんぐん、口から白い息をたくさんたくさん吐きながら、ひねもす歩いてみたことがありますか。骨董店の並ぶ仁寺洞《インサドン》で、いままで見たこともないような珠玉の陶磁器を見つけて、ふーっと溜め息をひとつ、つきましたか。あるいは年末で賑わう南大門市場《ナムデムンシジャン》や東大門市場《トンデムンシジャン》の、豪快で骨太な原色のエナジーを、満喫しましたか。街のいたるところから、併合植民地の痕跡がだしぬけに立ち現われるのを、驚きとともに発見しましたか。いろんなひとが話しかけて来、その内容が悲しかったり愉快だったりしましたか。

そしてこれでもか、これでもか、とソウルの街じゅうを歩いていると、いつのまにか陽が落ち始めているのに、気づきます。

寒い。突然の疲れ。

身もこころも凍りついて、神経中枢が尖ったつららのようにきりきりと収斂してしまった夕暮れ、ふとはいった食堂で、頰かむりをしたアジュンマ（おばさん）がこちらを振り返り、皺だらけの目で微笑んだことはありませんか。

こころのつららが、じゅうと融けてゆく感覚。

さあ、なにを食べますか。すべての鍋からは温かい湯気が、思い出のようにもわもわと立ちのぼっています。

チゲ鍋ですか。それとも湯《タン》にしますか。冬の魚をぐつぐつと唐辛子味噌《コチュジャン》で煮立てた魚《センソン》チゲにしますか。それとも乳白色の汁がおいしい、ソㇽロンタンにしますか。これは牛の骨・肉・内臓などを大釜で豪快に煮込んだもの。

とびきり熱いスープが身の内側を融かす瞬間、ああ、われわれは生きている、と叫びたくなりませんか。わたしではなく、われわれが、生きている、と。

冬の食べ物には、とびきり熱いものと、とびきり冷たいものがあります。尻が焼けるほどに暖かく焚いた温突《オンドル》の部屋では、氷のように冷たい冬沈《トンチミ》を頬張ってください。凍った庭の土の中の甕から取り出した、大きくて固い大根のキムチです。酸味のある透明な汁の中に浮かぶ爽やかな大根を、ざくり、ざっくりと嚙むのです。そして、冷麵を食べてください。寒い寒い冬の夜に、暖かい暖かい温突部屋で食べるのが、北国の正統です。大人たちが食べはじめると、ほら、子どもたちも寝床から飛び出して来ます。細くてこしのある麵、酸っぱくて清冽《せいれつ》な汁に、歯がしりりと滲みます。

温突といえば、尹學準《ユンハクジュン》氏の著書『オンドル夜話』は、韓くにのひとたちの精神を知るのに好適な名著です。その中の一節に、「いまでも安東《アンドン》の田舎に行くと、老人たちが野良仕事の合間とか、門中祭祀が終った後に」、「理気論争」を始めるのだと書いてあります。

そうです。安東ならずとも、この国に欠かせないのは、論争、論議。冬の長い長い夜、冷たくて透明な酒をあおりながら、なにを語りますか。理気論争ですか。これは昔の儒者だけの専売特許ではありません。隣りの席で口角泡を飛ばして語り合うひとの話に、耳を澄ませてください。理は普遍的規範で、気は自由。そんなふうに今様に翻訳することも可能でしょうか。規範か、自由か。韓くにのひとびとの、切羽詰まった問題提起です。そして議論は砧《きぬた》を打つ音のようにとめどなく、冬の夜はいつしかしんしんしんと更けてゆきます。

遠くの部屋からは陽気な歌、寂しい歌が、幻燈のようにくるくるとめまぐるしく聞こえて来ます。誰かがどこかで怒鳴ったり泣いたりしているのも、遠い潮騒を聞くように、聞こえますか。歴史に押し潰されまいと、夜には皆が、さわさわと騒ぎ立てるのです。

外に出れば、凍てついた天にちりばめられた星たち。都街のネオンに霞みながらも、息をするように体を小さく震わせながら、地上のわれわれを見つめています。この冬、雪はまだでしたね。

歩き始めれば、目の端が凜冽《りんれつ》なる夜気を切り裂いて、涙が血のようににじみます。透明な酒の酔いは一気に醒めましたね。明日は日本にお帰りですか。

それともう一日、韓のくににご滞在ですか。

第四章

食の人生哲学

食べ物の魅力は、韓くにを訪れるひとびとの最大のたのしみのひとつです。焼肉、キムチ、冷麺、ビビンバ……。季節それぞれに、店それぞれに、おいしく、またたのしいのが韓くにの食事です。

その食べ物の魅力を語るのに、ここでは、単に料理を紹介するのではなく、ちょっと趣向を変えて、食べ物をつくるひとたちの心意気を通して、〈食べること〉の世界に沈潜してみましょう。

たった三つの例ではありますが、韓くにびとの食の哲学を、かいま見ることができると思います。

竈《アグンイ》と台所《プオク》から、まな板《トマ》と鍋《ネムビ》から、素材と調味料から、つくるひとの手と食べるひとの口から、どんな物語と哲学がつむがれて来たのか、聞いてみたいと思うのです。

（一九九四年執筆）

「宗家」のソウル料理　料理人　李正燮

宮中料理文化を受け継ぐ

わたし（李正燮《イジョンソプ》）の生まれ育った碌磻《ノクポン》三叉路はソウルの西北のはずれです。わたしの家はそこで十五代、三百五十年ほど住んで来ました。朝鮮王朝十一代の中宗《チュンジョン》大王（在位一五〇六―四四）の五男・徳陽君《トギャングン》おじいさまの孫の代からここに住んでいます。もちろん全州李家《チョンジュイガ》（朝鮮王朝の王家は全州李氏）ですが、近くにある寺の名を採って特別に「キョンティ李家《イガ》」といいました。キョンティとは「浄土」の梵語《ぼんご》読みだとのことです。

家では非常に厳しい秩序があって、間違ったことをするとひどく叱られるので、ことばのひとことにもとても細かな注意が必要でした。

昔はひとつの村《トンネ》にひとつの氏が住んだのです。花嫁《セクシ》も坡州《パジュ》郡から呼んで来る縁筋《ヨンジュル》結婚でしたから、昔の料理の家風が残ったのですね。それから祖母が朝鮮王朝末期に宮廷で勢力を振るった驪興閔氏《ヨフンミンシ》だったし、近くには内侍《ネシ》（宦官）のおじいさまが住んでいらっしゃって、宮中の食べ物をよく持って来てくだすった。だから宮中の料理文化に近かったのです。

わたしが子どもの頃、父母、祖父母、曾祖父母の四代が、大門が三つもある大きな家に住んでいました。わたしは七人兄弟の長男でした。そのほかわたしの家には、従曾祖父（曾祖父の兄弟）の家族や、大姑母（大おば）の夫が六・二五《ユギオ》（朝鮮戦争）のときに拉致されて歌手になったのでその家族もいました。それから家では沐浴湯《モギョクタン》（銭湯）、理髪所《イバルソ》（床屋）、美粧院《ミジャンウォン》（美容院）をやっていたから、従業員や人夫《イルクン》、農夫《ノンサクン》たちがたくさんいたのですよ。

だからわたしの家ではいつも飯膳《パプサン》がチャンチ（お祭り）だったのです。お膳は六つか七つはありました。一番上座《アレンモク》に曾祖父と宗孫であるわたしが兼床《キョムサン》を取り、次に祖父と父と曾祖母が三兼床《セッキョムサン》を取り、三寸《サムチュン》（おじ）と祖母と妹たちが大きな周床《トゥレサン》、下座では人夫たちが独床《トクサン》を受け、向かいの部屋《コンノンバン》で従業員たちが交子床《キョジャサン》を囲みます。母はお膳でお食べにならずにお焦げ湯《スンニュン》の世話をされます。

女たちは明け方の四時から働いて、朝食の片付けが終わるのは十時頃でした。それからまたすぐ点心《チョムシム》（昼食）の準備が始まります。

おじいさまたちの生辰《センシン》（尊敬すべきひとのお誕生日）になれば、鷹岩洞《ウンアムドン》から新寺洞《シンサドン》まで、「朝においでください」「昼においでください」「夕方にお酒を飲みにいらしてください」と、親戚やお友達方にお知らせに走り回ったものです。それはそれは大変な時代でした。そしてその宴会は、本当に盛大なものでした。

わたしは幼い頃から食べ物に関心がとても強くて、綺麗に並んだ料理に恍惚としたものです。国民学校の頃から、ごはん《パプ》を炊くのをとても熱中して見ていたのを思い出します。わたしもしたくてしたくて我慢ができないほどでした。「初等礼法」という科目で洋食のマナーを習った内容をいまでも全部覚えていますよ。記憶力すごいでしょ。中学校一年のときから料理を始めました。母が料理をするのを見ていて、あまりに大変なのでお助けしてあげようと思ったという理由もあります。飯饌《パンチャン》（惣菜）をつくったのは高等学校のときからでした。けれどわたしが料理するのを父に見られると、ひどく鞭打たれました。だからいつも父に隠れてしたものです。それでもときどき見つかってよく逃げまわりました。

ソウル料理の特色

最近のソウルの料理屋で出しているのはほとんどソウルの食べ物ではないのです。

厨房長《チュバンジャン》も田舎のひとがほとんどだし。ソウルの昔の味がなくなってゆくのは惜しい気がします。昔の食べ物のほうがずっと真心がこもっていましたからね。綺麗に気持ちよく整った食べ物で、お客さまを誠心こめておもてなしするのが、ソウルの作法なのです。

ソウル料理の特色は、全国からいろんな料理が集まって来るのを、ソウルの気候に味を合わせて、宮廷料理と適当に混合したものだということができます。味はあっさりと辛くて淡泊。全体的に高級で、上品です。それから「食補薬《シクポヤク》」ということばがあるように、韓方《ハンバン》の薬材を混ぜる料理も多いのです。ソルロンタンなどにも入れます。目上の方に上げるお食事膳《チンジサン》は、器《クルツ》の数によって五楪飯床《オチヨプパンサン》、七楪飯床《チルチヨプパンサン》、十二楪飯床《シビイチヨプパンサン》などといいます。基本は五楪（五皿）で、鍋物《チゲ》がひとつ。それからチョチという魚や肉の鍋物。焼物《クイ》。熟菜《スクチエ》と生菜《センチエ》。塩辛《チヨツカル》。キムチと汁物は別なのです。この基本に、煎油《チヨニユ》やチャンアチ（醤油などによる非発酵の漬物）、ムク（ゼリー状に煮固められた料理）、ノビアニ（焼肉）などが加わって皿《チヨプシ》の数が増えてゆきます。

ソウルにはソンビ（士）や士大夫《したいふ》が多かったでしょ。このひとたちは食欲がないひとが多かった。だからひとつひとつの惣菜の量を少なくして、種類を多くしました。ひとつのおかずを一口ずつ食べるとごはんを一膳食べられるようになっているのです。

昔のソウルには、春は苦い味、夏には苦くて辛い味、秋には爽やかな味、冬には味噌風味、というように季節ごとの味がありました。

春になると馬鈴薯《カムジャ》を植えます。馬鈴薯煮付け《カムジャチョリム》や馬鈴薯汁《カムジャクク》をつくる。三月になると氷が融けてたねつけばな《ファンセネンイ》、昼顔《メ》、苦菜《スムバグイ》などが出る。生で食べたり、茹で唐辛子味噌和え《ムチム》や醤油和えにもなる。それから当時はほうれん草《シグムチ》というのが、最近のとは違ってとても甘かったんです。ナムルや味噌汁にして食べても、とても甘い。当時はひとの家に行ってほうれん草汁《シグムチクク》が出たといえば、よいもてなしを受けたことになりました。そしてなずな《ネンイ》が出る。鎌《ホミ》や竹枝《テッカジ》を持ち籠《パグニ》をかついで、犬なずな《コッタジ》、金鳳花《ミナリアジェ》、ぎしぎし《ソルジェンイ》などを、おばさんたちの後をつけて、採りに行きます。女のする仕事が本当に好きだったんですね、わたし。

その後、四月になると、山にはいります。白山菊《チュイ》、おとこよもぎ《チェビスク》、男郎花《トウツカルナム》などの山ナムルが採れる。それから小米撫子《テナムル》や唐撫子《ペレンイコッ》は、湯がいて酢唐辛子味噌和え《チョコチュジャンムチム》にして食べたらそれはそれはおいしいのですよ。いまでもわたしは京東市場《キョンドンシジャン》に行けば草の名は全部わかるし、春になれば刀さえあれば山菜を食べて暮らせますよ。

五月になるとにんにく《マヌル》が出ます。これひとつでチャンアチを四種類、そのほかにも飯饌を幾種類もつくる。そのようにひとつの材料で多くの種類をつくることを「飲食《ウムシク》時勢《シセ》」といいました。「ああ、あの家は飲食時勢が最高だ」というようにいったものです。菜っ葉《ウゴジ》やきゅうり《オイ》や唐茄子《ホバク》や茄子《カジ》や瓜《チャメ》どれひとつでも、味噌、醤油、唐辛子味噌などで十数種類の料理をつくることができます。それがソウルの料理なのです。わたしの家でも田舎から女たちが来て飲食時勢を習っていました。

夏にはいろいろな果物が出て、秋になると初物唐辛子《マンムルコチュ》が出ます。霜が降りる前に畑や庭に干します。

そしていよいよキムジャン（越冬用のキムチを漬けること）の季節になります。白菜《ペチュ》キムチ、カクトゥギ、トンチミ、アルタリ、チャンジ、芥子菜《カッ》キムチ、葱《パ》キムチなど、いろんな種類のキムチを漬けますが、塩辛によってキムチの味が変わるのです。仁川《インチョン》などに行って小海老塩辛《セウジョッ》を買って置くのですが、これには五塩辛《オジョッ》（五月に漬けるもの）、六塩辛《ユクチョッ》（六月に漬けるもの）、秋塩辛《チュジョッ》（秋に漬けるもの）と三種類あって、六塩辛を使うのがいいのです。秋塩辛は使えません。またソウルは全羅道《チョルラド》のように塩辛類が多くないのです。貝《チョゲ》、小海老《セウ》、石持《チョギ》、みなみあかざ《ファンソンゴ》、明太塩辛《チャンナンジョッ》、あみ《コンジェンイ》などが、ソウルで食べる主な塩辛でした。全羅道のように太刀魚《カルチ》、片口鰯《ミョルチ》などはなかった。

「宗家」のこだわり

うちの哲学は、精誠（真心）をこめてつくるということですが、食べる方にも粋に食べていただかなくてはなりません。「器が翼だ」、つまり料理の見た目にも細かく気を配りますし、つねに三色を基本に色を華麗に使います。

まず肉料理では、うちでやっているのはノビアニという焼肉ですが、これは最近は見られなくなった伝統ソウル料理です。肉を広くもなく（「ノビアニ」の語源は「広くない」の意とされる）、狭くもない適当な大きさに切ったものでしたが、プルゴギが出現してから、焼肉はプルゴギ一色になってしまいました。

カルビ蒸《チム》しもソウルの代表的な食べ物ですね。しかしいまの牛は脂が多くてだめです。昔のは肉牛でないので、砂糖をつけなくても肉自体が甘かったのですが、いまその味を出そうと思ったらうちで牛を育てなくてはなりません。だからうちではカルビはやっていません。

もともと肉《コギ》は、生辰《せいしん》や歳饌《セチャン》（正月料理）、秋夕《チユソク》（仲秋）のときしか食べられなかったといいます。歳饌契《セチャンゲ》といって正月には皆でお金を出し合い、牛を一頭買って来てすべての部位を同等に分けるということをしていました。

片肉《ピョニュク》の中では足片《チョクピョン》（牛の足の煮こごり）というのが一番高級なものです。その次は牛頭片《ソモリピョン》、次に三枚肉片肉《サムギョプサルピョニュク》となります。薬味は普通ヤンニョムといいますが、コミョンといって、美しく装飾用に使うものが別にあります。足片はこのコミョンを岩茸《ソギポソツ》、唐辛子糸《シルコチュ》、栗《パム》、なつめの種《テチュシ》、松の実《チャッ》、胡桃《ホドウ》、それから青いものとして芹《ミナリ》など、たくさん使います。お酒の肴《アンジュ》としてこの上ないものです。どこかの家に行って足片が出たといえば、最高の供応ですね。

そのほかピンデトㇰ（お好み焼きのような料理）をソウルではヌルㇺ炙《ジョク》といいますが、これは必ず緑豆《ノクトウ》でつくらねばなりません。

ムㇰは清泡《チョンポ》ムㇰ、蕎麦《メミル》ムㇰ、団栗《トトリ》ムㇰの三種類あります。清泡は緑豆の沈澱物でつくるものです。

褓《ポ》キㇺチもたいそうおいしいものです。開城《ケソン》では褓包《ポサム》みキㇺチといいますが、ソウルでは褓キㇺチといいますね。普通のキㇺチは材料を十四種類以上入れればおいしいといわれますが、うちの褓キㇺチは二十八種類入れます。大根《ムウ》、白菜《ペチュ》、塩《ソグム》、塩辛《チョツカル》、芥子菜《カツ》、韮《プチュ》、唐辛子粉《コチュカル》、玉葱《ヤンパ》、芹《ミナリ》、なつめの種《テチュシ》、生姜《センガン》、にんにく《マヌル》、蛸《ナクチ》、干明太《プゴ》、乾小海老《マルンセウ》、烏賊《オジンオ》、林檎《サグア》、梨《ペ》、柿《カム》、栗《パム》、松の実《チャッ》、落花生《タンコン》、胡桃《ホドウ》、岩茸《ソギポソツ》、唐辛子糸《シルコチュ》などですね。これほど丹精を込めてこそはじめて褓キㇺチなのであって、最近そのへんの店で出す褓《ポ》サㇺは褓サㇺじゃなくて、「白菜の芯《コゲンイ》サㇺ」なんだから（笑）。

「饅頭家」の饅頭汁　料理人　韓東淑

家族と店の歴史

母（韓東淑《ハンドンスク》・七二歳）はこういうインタビューにも絶対に応じませんし、写真を撮られることも極度に嫌いますから、末娘のわたし（玉恵景《オクヘギョン》・四四歳）が代わりにお話ししましょう。

母は平壌で生まれて六・二五《ユギオ》（朝鮮戦争）のときに家族の皆を連れて南に降りて来ました。父（玉貞彬《オクチョンビン》・七八歳）も平壌出身で、有名な蹴球《しゅうきゅう》（サッカー）選手でした。併合植民地時代の京平《キョンピョン》蹴球（京城と平壌との対抗戦）の主力選手で、フルバックとして大活躍したのですよ。金日成《キムイルソン》の一番のお気に入り選手だったといいます。

わたしたちは五人兄弟（息子二人、娘三人）です。親戚などが家に遊びに来ると、母はいつも饅頭汁《マンドゥクク》（スープ餃子）をつくっていました。それがとてもおいしいと評判で、店を出しなさいと周囲がしきりに勧めるので、一九八三年に店を始めました。最初はテーブルふたつから始めたのです。メニュは饅頭汁とピンデトク（お好み焼き風の料理）。最初は近しいひとだけを相手にあきなっていましたが、やがて非常に評判になりました。もともと以北《イブク》（北朝鮮）の人間は手が大きいので、饅頭《マンドゥ》（餃子のこと）も大きくて、餡《ソ》もいっぱいはいっておいしいというわけなのです。いつのまにか店が大きくなって、いまではテーブルが十四卓になりました。常連客《タンゴルソンニム》は最初は以北出身の方が多かったのですが、最近は慶尚道《キョンサンド》や全羅道の方もよく来られます。政治家など相当な高位の方や有名人もたくさんいらっしゃいますよ。日本人をはじめとして外国人も多いし。

母は朝五時には起きて、食事の準備をして、六時には家族全員で朝食をとります。いまでもお手伝いを雇ったりはしません。自分の手で食口《シック》（家族）のごはんをつくることが最大の喜びである、それが母の哲学なのですね。そして六時半には店に出て、八時には材料を集めて味つけをします。そして夜の十一時まで働いて、だいたい一日に三、四時間しか眠りません。「仕事というのは探してするものだ」というのが母の人生観です。苦労だとも思っていません。

以北の食べ物といったら冷麺も代表的なものですが、うちの店ではやりません。いろいろやるよりは、自信のある「手の味《ソンマッ》」に固執しているのです。いろいろやると味が散るのでよくないと母はいいます。十八歳で結婚してからずっと家族のためにつくり続けて来た饅頭、ピンデトク、ピジ（後出）、錚盤《チェンバン》（後出）しかやらない。七十年の人生の間ほとんどこれをつくり続けて来たのですからね。

わたしとしては、この店を家業として受け継いで、店ももっときれいにしたい気持ちもありますが、母はそういうことを嫌います。店の装飾もしないし、看板すらろくにありません。店の名もただ単に『饅頭家《マンドウチプ》』です。饅頭をつくる機会も娘に与えません。母がするのを脇で見ているだけなのです。普通の頑固さではないですね。

饅頭汁の秘訣

うちの饅頭汁は平壌式です。開城《ケソン》にもピョンスという饅頭がありますが、平壌饅頭はそれより二倍ほど大きいのです。

中国の饅頭は豚肉、韮《にら》を入れて豚の脂で炒めて餡をつくりますが、われわれのはスクチュナムル（緑豆のもやし）、豆腐、牛肉などを餡に入れます。

饅頭はもともと生日《センイル》（誕生日）など特別な日に食べるものでした。また季節的には冬に食べる時食《シシク》でしたが、いまでは季節はありませんね。夏に汗を流しながら食べたりもします。

以南《イナム》（いまの韓国）にはもともと饅頭はなかったといいます。ソウルでは名節《ミヨンジヨル》（正月などの節日）には餅汁《トツクク》、生日にはわかめ汁《ミヨククク》と決まっていましたから、饅頭汁は食べなかったのです。いまでは全国で食べますがね。

うちの饅頭汁の秘訣は、自然の最良の材料をふんだんに使うことです。それから、すべて手でつくること。器械は一切使わない。そして調味料を使いません。完全に自然の味です。結局、最も大切なのは手だと思います。母の手だけができるものですね。

饅頭汁のクンムル（スープ）がまた重要ですが、これは牛のヤンジモリ（胸の肉と骨）でつくるのです。特別に味つけしたそのスープに饅頭を入れたのが饅頭汁です。饅頭だけ買って行くお客さんも多いのですが、家でつくるとこの店の味が出ないといいますよ。スープの違いですね。饅頭汁とユッケジャンは同じスープでつくるので、わが家ではユッケジャンもよく食べました。明日の朝ユッケジャンを食べるといえば、夜のうちにヤンジモリと葱でスープをつくっておけばよいので簡単なのです。

北の料理は淡泊

オボク鉼盤《チエンバン》は大きな鉼盤（盆）で牛肉、卵、茸、麵などを煮て食べる料理です。「オボク」は以北のことばで、牛の腹の肉を指すといいます。魚も肉も、腹のあたりの肉が一番おいしいのです。牛腹肉《ソペッサル》は内臓のまわりの肉ですが、味が逸品ですね。これを煮て、味つけして、ヤンニョム（薬味）を入れ、葱やコミョン（一二七頁参照）を入れて食べます。

大豆《コン》ビジもソウルのものとは違います。ソウルでは豆腐の滓《かす》（おから）がピジで、キムチを混ぜて炒めて食べますが、以北では味噌大豆《メジュコン》を擦りおろしたものに豚肉と野菜を混ぜて煮たものがピジです。テェビジといいます。ヤンニョムは葱、にんにく、胡麻油、唐辛子粉、醬油のものを使います。酒の肴にしてもよいし、ごはんに混ぜて食べてもよいのです。糖尿の方や老人の方に、これ以上の食べ物はないのです。これも冬の食べ物ですね。

全般的に以北の料理の味は以南に較べて淡泊です。キムチも、全羅道などでは塩辛をたくさん入れますが、以北では入れませんし、唐辛子粉もあまり使いません。淡泊に、さっぱり《シウォナゲ》と、薄味《シンゴプケ》で食べるのです。南に行けば行くほど食べ物はしょっぱくなりますね。六・二五（朝鮮戦争）で釜山《プサン》に避難したとき、キムチがあまりにしょっぱいので驚きましたよ。

キムチといえば、以北にはキムチマリ（キムチ混ぜ）という食べ方もありました。冬の長くて寒い夜に、庭の甕から凍ったキムチを掬《すく》って来て、冷たいごはんに混ぜて暖かいオンドル部屋の中で食べるのです。以北のキムチはさっぱりしていて、水が多く、大根をたくさん使います。だから冷たいキムチ水がとても爽やかなのです。舌の先がカリン！という感じがして、それはそれはおいしいものでした！　決して忘れられない味ですね。しかしいまでは皆アパート（マンションのこと）に住んでいるから、キムチマリという食べ方はなくなってしまいました。

「寧辺」の膾（刺身）　料理人　車鳳洙

生い立ち

わたし（車鳳洙《チャボンス》・五〇歳）は平安北道《ピョンアンプクト》の寧辺《ヨンビョン》で生まれました。六《ユ》・二五《ギオ》（朝鮮戦争）のときに、以北《イブク》（北朝鮮）から避難して来ました。お父様（車成大《チャソンデ》）はいらっしゃれず、お母様（呉《オ》一女《イルリョ》）が四人の子どもを連れて釜山に避難されたのです。それから昨年四月五日にソウルに上って来るまで、ずっと釜山で暮らしました。

わたしは一九七六年の七月十七日に釜山の松亭《ソンジョン》（釜山郊外の有名な海水浴場）で店を開いたのですが、その前は、海兵隊を除隊したあと、工事場で人夫もし、セールスマンもし、このときはなにかの間違いで横領で捕まったりして、やることなすこと全部失敗しました。パチンコ（スロットマシンのこと）にも狂いましたし、佩物《ペムル》（装身具）など金目のものは、お母様の金歯を除いて、すべて蕩尽《とうじん》したのです。だから店を始めたときは、家族を食わせてゆくこともできぬほど悲惨な状況でした。腹を空かせた子どもをよく殴りもしました。

飯場のめし炊きもして、三百人分以上の飯をつくったりもしました。それで一応、六十万ウォンを貯めました。実はその前に六年ほど失業状態が続いていたとき、海で毎日釣りをしていたのですが、そのときに知り合った姜《カン》というひとが、鱠《フェ》（刺身）の店を一緒にやらないかといって来た。

それでふたりで松亭で刺身料理屋を始めましたが、そのうち同業者と別れて、無許可建物を借りてひとりで店を始めたのです。もう、これが最後だと思いました。それほど追い詰められていたのです。

お客に人生を教わる

緊迫した状況でした。一度わたしの店に来たお客様を、絶対にほかの店に行かせないためにはどうしたらよいか。必死に考えました。一度来たお客様が、二度、三度と来たときの有難さ、痛快さというのは、経験した者でないとわかりません。

しかしあるとき、こういうことがありました。七六年の冬でした。釜山大学の教授だったか、十数人のお客様が来ました。ひらめ《クァンオ》を三匹と穴子《アナゴ》などを注文しました。そのとき、わたしは嘘をついてしまったのです（その当時の店はたいてい、たくさんぼっていました。わたしも最初はそういうことを考えもしたのです）。お客には生きているひらめを見せておいて、実際は冷蔵庫のひらめを一匹出しました。それからもう一匹はよろいめばる《ウロギ》をひらめだといって出した。

そうしたら、一行の中で最も刺身通の方のところに運悪く、死んだ魚の皿が行ってしまったのです。「主人、ちょっと来い」といわれた。「刺身を実によく料理したけれども、一体これはひらめか」というので、「ひらめです」と答えた。「食べてみろ」というから食べて、「お客さん、おいしいじゃないですか」といい張った。それで一時間、喧嘩をしたのです。わたしは結局その口論には勝ちましたが、実際はわたしの敗北でした。その夜、わたしは「車鳳洙はこれっぽっちの男か」と涙を流しました。そして、二度とお客様に「主人を呼べ」とはいわれるまい、本当に正しく生きなければ、と固く覚悟しました。あのときにわたしは、まともな人間になったのです。

セコシこそわが天職

その後わたしは、本当に渾身の力をふりしぼって気狂いのように働きました。しかし、成功するには、わたしだけの特別ななにかがなくてはなりません。いろいろと考えて、七八年の後半から、セコシというのを始めました。これは日本語で、もともとは鮎を骨のまま細かく切る刺身のことをいうのです。

人間のやることというのは、運が七〇パーセント左右します。あの方はいま生きていらっしゃるか。あるお客様が、五、六〇歳の方でしたが、わたしにセコシのやり方を教えてくれたのです。背骨を抜いて、こうやるのだ、と。あの方は女癖は悪かったが、わたしには恩人なのです。

それから、魚を薄く切る練習を始めたのです。一ミリよりも薄くでも切れるように。穴子だけでなく、かれい《トダリ》(めいたがれい)でもやってみました。かれいというのは、摑まえて手で持ってみると、掌《てのひら》の触感が実に爽快なものです。このきれいな魚を穴子のように薄く切れないものかと挑戦したのです。七八年からは、すべてのお客様にセコシを勧めるようになりました。マリゴギ(一匹ずつ刺身にして出す方法。セコシはひと皿に二、三匹以上の魚が必要)をやっていれば楽だけれども、魂をこめてセコシに専念したのです。セコシは魚の量もひとの手もたくさん必要なのです。

そしていつしかセコシといえば「寧辺(うちの店の名)」、「寧辺」といえばセコシといわれるまでになりました(その前にもセコシということばはあったし、これをやっている店もあったのです)。二時間以上も店の前で待つお客様もいて、門前成市《ムンジョンソンシ》(人気で賑わうこと)となりました。

セコシは、まず背骨を抜きます。昔はそのほかの骨はすべて残しましたが、いまは、たとえばひらめなら、上から見て左右どちらか半分の骨は全部抜きます。あとは残った骨に斜めに庖丁を入れて刻みます。それから骨を多く残してくれとか、身を太く切ってくれなどというお客様の注文にも応じます。

大韓民国にてセコシの技ではわたしの右に出る者はいないと思っています。ほかの店でセコシといって出すのは、わたしにいわせれば、まだまだです。結局、どれだけ真心をこめてさばくか、だけなんですけれどね。

店の料理と哲学

うちは、ひらめ、かれいのセコシが専門です。

ひらめはまず、風味がよい。かれいもまがれい《チャムドダリ》、ミョンジかれい、鼻がれい《コドダリ》、紋がれい《チョムドダリ》などいろいろありますが、ひらめよりしこしこしています。十二月から二月までは、石がれい《トルドダリ》、一名冬がれい《キョウルドダリ》がうまい。こいつはいくら薄く切っても肉が崩れません。わたしは鉋《かんな》の刃ほどに薄く切ることができますよ。それからほかの魚は骨が堅いけれども、こいつの骨はまるで蒸した米のように柔らかい。

わたしは養殖の魚は絶対に使いません。魚というのは、機械よりも人間よりもずっと繊細な生き物なのです。

米は米の味を持ち、魚は魚の味を持っています。魚だってたくさん種類がある。わたしはそこに特別な味を付け加えるということはしない。その持てる味をよく保って出すことがわたしのやることなのです。生きている生命体の味を、食べるひとにいかにそのまま伝達するかがわたしのしごとです。

刺身は朝鮮味噌で食べるのがうまいのですが、匂いを嫌うひとがいるので、特別なマク醬《チャン》（さっとつくった醬《チャン》という意味の味噌）を開発しました。これもうちの名物のひとつです。

庖丁は日本製の出刃を使っています。韓国製は何匹か切るともう刃がだめになる。昔は二十センチの大きいのを使っていましたが、いまでは重くて使えません。腕に無理が来るのです。最近は韓日合弁会社の庖丁も出ていますが、まだ質はだめですね。

それからわたしは、わたしの料理を食べないならそれは食べないひとが損をする、と考えています。

わたしは、高歌《こうか》放吟《ほうぎん》して酒を飲むために刺身を出しているのではない。セコシは、わたしが全霊をこめてつくっている作品なのです。わたしは刀さえ握れば、何者かが現われたかのように神経が鋭くなります。その料理を、酒に酔って食べられるのは嫌です。うちの料理のつくり方を知ったら、「やー、あれ持って来い、これしろ」などと命令できないはずです。本当だったらわたしたちにお辞儀をして召し上がらねばならないはずですよ。

わたしはほかの店と違って、お客様が来ても「お金が来た」とは思わないのです。だからお客様の部屋にも絶対に行かないし、頭も下げない。そのかわり料理には渾身の力をこめる。

それから妻（金順子《キムスンジャ》・四三歳）に逢わなかったら、いまの車鳳洙の半分は存在しなかったでしょう。かつて松亭で店を一緒に始めた同業者が、毎日酒をくらってどうしようもなくて、酒瓶を割って殺そうとしたこともありました。しかし、家族のことを考えて思いとどまったものです。

またなんといっても、お母様の影響も強いのです。生活が苦しくても、いつもひとりで頑張って来られた。物を大切にし、節約していました。そして子どもたちに冷や飯はただの一度も食べさせたことがありません。いつも白くてつやつやしたごはんでした。服は流行のものは買えないけれど、体を隠すほどの服はいつもきれいに修繕しながら着せてくれました。

昨年、ソウルに上って来たのですが、なぜなのか、鬼神《きしん》が憑いたのか、わたしにもわかりません。一度ここで勝負しなくては。死ぬ前に一度、車鳳洙という男が刺身をどんなにさばくか、ということをソウルのひとびとに見せて、残したいと思ったのです。

結局、四柱八字《サジュパルチャ》(持って生まれた運命)というか。いまでは、人間として生まれて、わたしの天性に合う業《オプ》(「しごと」の意だが、ここでは仏教の業の含意がある)はこれしかなかったのだと思います。まさにセコシこそ、わたしの天職なのです。

第五章

ソウルの旅

六百年の都、ソウル。

たくさんの歴史がつまっており、無数のひとびとの哀歓が渦巻いています。

限られた紙数でソウルの魅力をすべて語ることはもちろんできないけれど、少なくとも旅行ガイドブックではわからない、この京《みやこ》のしくみと力を探ってみましょう。

とりあげるのはたった五か所。でも五か所それぞれに、興味深い歴史と躍動する現在をかいま見せてくれます。

ソウルの街には、古いことばと新しいことばが行き交います。

毎日見知らぬことばたちがどんどん生まれています。

固有名詞も、異文化を知るには大切な要素。

歴史と現在の両方に目を配りながら、ひとつでも多くの固有名詞に接してください。

（一九九四年執筆。二〇二二年時点の補足を各項最後に付しました）

幻想歴史列車にようこそ――仁寺洞を歩く

遥かなる時空の旅

古都ソウルには、よい町がたくさんある。どの巷《ちまた》も、その歴史を知ってゆっくりと逍遥すれば、いろんなものがおぼろに目に見えて来、汲めども尽きぬ感懐に浸ることができる。旅行者には贅沢なことかもしれないが、たくさんの場所をつむじ風が舞うように走り抜けるより、たったひとつの小路を、時間をかけてじっくりと歩くほうが、こころに残るものが多いこともある。

あなたが初めてソウルを訪れるのなら、仁寺洞《インサドン》という地名を記憶しておくのも、悪くない。またあなたがもう何度も仁寺洞へ足を運んだことがあるのなら、今度のソウルでもまた、この町を訪れることになるだろう。

仁寺洞は、大人のためのドリームランドである。そこでは時空を超えたこころの飛翔を体験できるから。

ここは陶磁器の町とよくいわれるが、それだけではない。筆・硯《すずり》・紙・茶・古書・画・古家具・生活道具などが、狭い小路に凝縮され集まっている。ひとはここに数時間あそぶだけで、子どもが遊園地で幻想特急や夢屋敷を味わうように、歴史の超スローモーなジェットコースターを満喫できるだろう。

天界への小さな小さな通路

この夢の小国への入り口は、いろいろある。

まず地下鉄一号線の鍾閣《チョンガク》駅と鍾路三街《チョンノサムガ》駅の中間、パゴダ公園の西からはいる道がある。この道にはハリウッド劇場、楽器市場の楽園《ナグオン》商街、天道教《チョンドギョ》本部などがあって、おもしろい一角だ。この道から左にはいれば、仁寺《インサ》洞道《ドンキル》に出る。

もうひとつは、鍾閣と安国洞《アングクトン》ロータリーを結ぶ郵政局路《ウジョングクノ》からはいる道だ。郵政局路には、曹渓宗《チョゲジョン》の総本山である曹渓《チョゲ》寺《サ》がある。この寺で、しばし瞑想にふけるのも、よい。

地下鉄三号線の安国駅で降りれば、安国洞ロータリーから仁寺洞道の北端にはいることになる。この道を行こう。

小路を少し歩けば、左に原州《ウオンジュ》韓紙の小さな店があるのを発見するだろう。素朴で勁《つよ》いひとのこころのように荒々と白い紙。色づきでも素《しろ》い紫、紅、橙などの紙々。大きな壁紙から、さまざまな葉書や文紙、手帖まで。紙の好きなひとはここで、永いあいだうっとりと紙の文理《きめ》を見つめ、撫でながら時を過ごすだろう。

紙屋を出て南に歩いて行くと、小路の両側に陶磁器の店が並んでいる。ひとつの小さな店の戸を開けて、なかにはいってみよう。老主人が迎えてくれる。彼は、韓国における茶文化の復活に力を注いでいるという。朝鮮王朝時代、儒教によって仏教は山中に追いやられ、それとともに緑茶を飲む風習も、寺でのみ命脈を保つことになったのである。朝鮮王朝末期には草衣《チョイ》（一七八六―一八六六）という「茶聖」が現われた。いまでも智異山《チリサン》の華厳寺《ファオムサ》などでは、僧侶たちが特別にうまい茶をつくり、飲んでいるという。茶は、超俗の表徴である。

仁寺洞の陶磁器店はどの店もたのしい。最近、それぞれの店に特徴が色濃く出、また若手の作品によいものがたくさん出て来たような印象を受ける。かつては、ややもすると実験性だけが前面に出てしまったものや、伝統の型にはまったものが目につきもしたのである。青磁も白磁も、それぞれに美しい。作家が無名のため、手ごろな値段で買えるものも多い。以前、贈り物の茶碗を買ったとき、棚にぽつんと置いてあった小さな一輪差しを眺めていたら、店の老主人がただでくれたことがある。名もない作家のものだった。かたちと文理に独特な透明感があるのだった。机の上に置くだけで、何かそこがぼうっと白く明るく、天への小さな小さな通路のように見えて来るのは、なぜか。

知らぬ。

疲れたら、茶を飲もう。「伝統茶家《チョントンチャッチプ》」という類いの店が散在している。王朝時代風の古樸《こぼく》なインテリアで、この民族が永い間飲みつづけて来た多様な「果実茶」を飲ませる店だ。耕仁画廊《キョンインファラン》に接続した茶家が有名だし、風情がある。伝統韓屋をそのまま茶家にした。柚子茶《ユジャチャ》、生姜茶《センガンチャ》、花梨茶《モグアチャ》などポピュラーな「茶」を飲んでもよいし、霊芝茸茶《ヨンジポソッチャ》など、比較的珍しい「茶」を飲むのもたのしい。もちろんいわゆる茶（緑茶）もある。テェッマルと呼ばれる、広い軒下の板敷縁側に坐して、中庭《アントウル》の木《こ》乃《の》下風《したかぜ》に揺られつつ、午後の時間を過ごすのも涼しい。

食事をするにも、仁寺洞はよいものだ。寺刹《じさつ》料理や山菜料理、韓定食の店たちが、路地の奥にある。沙鉢《サバル》のひとつひとつに、韓国人の自然観が宿っている。それを読み取りながら、陶然と杯を傾けるのも、よい。

筆の思想

仁寺洞道には、筆や硯などを売る「筆房《ピルバン》」も多い。

筆とは何か。それは、屈強なる士大夫の物《もの》の具《ぐ》である。

朝鮮士大夫の「尚文《しょうぶん》（文をとうとぶこと）」を、「めめしい」「ひよわな」「文弱」と誤解しては、ゆめゆめならない。

事実は日本人の考える「文のひと」像とは、ひどく異なる。すなわち朝鮮士大夫はまさに文を以て世界と対決する毅然さを持つ。文にめしを懸け、いのちを懸けているのである。文は逃げ道であるとされた日本の状況とは、全く異なる。

日本のもののふは刀で死んだが、朝鮮のソンビ（士）は筆で死んだ。筆によって天の理と合体し、筆によって世界をデザインし、筆によって悪とたたかい、筆によって死をえらんだのである。

だから「文弱の徒」というのは誤りで、いってみれば「文強の士」であった。逆に「武」のほうは「武弱の徒」とでもいったらよい状況なのであった。なぜなら武で死ぬことは、滅多にないからである。

日本では「理屈」というものを嫌い、理屈をいう者はめめしいという固定観念があるが、これは「武」の社会における非常に特殊な考え方だ。

日本の男子《をのこ》は日本刀によってのみ死にうるのであって、理屈というのはその死を回避するために振りまわす道具にすぎない。ところが朝鮮では、士大夫の武器は専ら文であり、丈夫《じょうふ》が死ぬときは文によって、つまり理屈によって死ぬのである。ここでは刀を振りまわすような輩は理屈によって勝負し死ぬことを回避する卑怯者にすぎない。すなわち刀こそはめめしくひよわな道具である。

……さて、どの「筆房」の前にも置いてあるのが、紙でつくった団扇《うちわ》と扇子だ。これはちょっとしたおみやげによい。素朴なつくりが、素朴な風を呼び起こす。さわやかだ。わたしの手が世界と合体してわたしの顔を涼しくする。

真夏の陽のようにぎりぎりと照りつける義理の重圧に、瞬間、ふわりと風穴を開ける。そよ風のような脱日常。

この国のますらをの風流とは、そういうものである。

＊

仁寺洞はその後の二十年でどうなったか。旧《ふる》い韓くにを保存する古色蒼然たる町になり、年寄りだけの寂れた街路になってしまったのか。否、全く否。その逆である。「若い韓国」といえば、K-POPやファッションなどがクローズアップされるが、それだけではない。韓くにの若者は、若者文化だけを好むのではない。日本に若い歴女や仏像マニアや刀剣マニアがいるように、韓くにの若者も、ダンスやラップだけでなく、旧きよき韓くにの文化を愛するひとたちが実にたくさんいるのだ。二十一世紀の仁寺洞は、朝鮮王朝時代の「文」の伝統をそのまま衛《まも》る部分と、それを現代風に洗練させて再生させた「シン仁寺洞」の部分とが絶妙に嚙み合わさって、若者にも大人気のストリートに変身した。仁寺洞だけでない。ソウル旧市街の北側にある歴史的景観の保存地域は、しっとりとした典雅な雰囲気の道を古い塀に沿ってそぞろ歩き、清らかなたたずまいの王朝時代風カフェや風雅なギャラリーをたのしむ若者であふれている。

水と性の都——清渓川を歩く

哲学的な川

昔、ソウルがまだ漢江《ハンガン》の南にまで膨張していなかったとき、この京《みやこ》の真ん中を流れる川は清渓川《チョンゲチョン》であった。北岳山《プガクサン》、仁旺山《イヌアンサン》、南山《ナムサン》などの水を集めて西から東へ流れる(西出東流)清渓川はソウルの内明堂水《ないめいどうすい》であった(漢江は外明堂水)。元々は清風渓川《チョンプンゲチョン》とか開川《ケチョン》と呼ばれた。清風渓というのは青雲洞《チョンウンドン》を源とする、清渓川の主流の名であり、開川というのは英祖《ヨンジョ》三六(一七六〇)年に、それまで毎年氾濫に悩まされていたのを人夫二十万人を動員して清渓川の浚渫工事をし、川を開いたという意の一般名詞がいつのまにか固有名詞のように使われたのである。清渓川と呼ばれたのは日本による韓国併合が行なわれた一九一〇年以降のことという。

日本の併合植民地時代に光化門《クアンファムン》四つ辻から広通橋《クアントンギョ》まで、また一九五三年から六一年までの覆蓋《ふくがい》工事により五間水橋《オガンスギョ》まですべてが覆われてしまい、その上を清渓川路と清渓高架道が走って、長いあいだ完全な暗渠になってしまった。李明博《イミョンバク》政権の時代に暗渠をきれいに復元して市民の憩いの川辺にした。

この川の性格をひとことで規定して、哲学的な川であるといおう。哲学といっても、アリストテレスやカントとは関係ない。朝鮮王朝の支配思想であった性理学と道教的な風水地理をいう。ここではそのうち、性理学によって説明してみよう。

気場の都

朝鮮王朝時代、漢城《ハンソン》（ソウル）では、ひとの住む「場《ト》」とそのひとの哲学的性質とは一致する、すべきであると考えられていた。これこそまさに性理学と風水地理の融合によって強化された思想であった。つまり土地の気とそこに住む人間の気とが同質性を持つと考えるのである。それゆえこの意味での土地をわたしは、「気場」と呼ぶことにしよう。磁場のように気の力が多様なしかたで凝集する空間である。

たとえば同じ士大夫でも、道徳闘争の党派（いわゆる四色党派《サセクタンパ》）によって住む気場を分けたが、ここにもそのような思想が宿っている。

党派はまず西人《ソイン》と東人《トンイン》に分かれたが、このとき沈義謙《シミギョム》が西村《ソチヨン》（西小門一帯）の貞洞《チヨンドン》に、金孝元《キムヒヨウオン》が東村《トンチヨン》（駱山《ナクサン》付近）の蓮洞《ヨンドン》に住んだため、それぞれ西人、東人という名が付けられたのである。このふたつはさらに分裂して、西人は西村の少論《ソロン》と北村《ブクチヨン》（北岳山の麓）の老論《ノロン》、東人は南人と北人に分かれて南人は南村《ナムチヨン》（南山の麓）に、北人はさらに小北《ソブク》と大北《テブク》に分かれて小北が東村に住んだ。

このうち南村は気場の最も低い地であり、ここに住むのは党争に破れた南人および少論の一部、文班より地位の低い武班などだったのである。後に併合植民地時代の日本人がここに集まり住んだのも、このような気場と深い関係がある。気場の高い地に倭奴《ウェノム》が住むことのできる道理がないのであった。

そして清渓川は、これら四つの村（これを「四山下」という）の真ん中を灑然《さいぜん》と流れる。

ウデとアレデ

ソウルに生まれ育った古老なら、ウデとアレデということばを実感として知っている。

ウデ（上位の地の意）というのは清渓川の上流気場、つまりソウル西北部をいい、アレデ（下位の地の意）は下流気場、つまりソウル東部を指す。ウデには王宮があり、また両班の屋敷や六曹《ユクチョ》（六つの主要官庁）などの官衙《かんが》が立ち並び、官吏たちも住む。アレデは軍属たちや中人（士と農工商のあいだの階級で、法や医などの技術職を担当）、商人たちが住んだ。ウデのひととアレデのひととは、使うことばや生活習慣などが判然と異なっていた。

士大夫の党派にしても、王朝末期の最大の勢道家筋であった安東金氏《アンドンキムシ》はウデの中のウデといえる壮洞《チャンドン》（いまの孝子洞《ヒョジャドン》）に住んだため、安東金氏は壮洞金氏とも呼ばれた。ウデは仁旺山《イヌアンサン》（仁王山）の虎と両班虎というふたつの虎によって、庶民にとって恐ろしい場であった。

ウデ／アレデは江戸における山の手（上町）と下町の区分に似ているが、漢城の場合、より哲学的である。

性善の川

「性は水のようなものだ。清い渠《ほり》に流れれば清く、汚れた渠に流れれば濁る」（朱子）。

清渓川を中心にソウルの哲学的構造をあきらかにするには、性理学の人間観を少し知っておく必要がある。それは、孟子の性善説を精緻にしたもので、人間の本性は善（理）であるが、現実には気を稟《う》けて現われるため、気の清濁によって善（理）の実現度合が変わってくるというものだ。性理学者たちは人間の性を水に譬えるのが好きであり、彼らの文にはしばしば、水の比喩が出てくる。人間の性は水が清いように、善である。少し流れただけで濁ってしまうものもあるけれども、それでも水としての本性は清い水と同一で、別のものではない。だから努力して濁った水を澄ますこともできるし、努力しなければ澄んだ水も濁ってしまう。さらに朝鮮の性理学者たちは、この説を現実の階級と関連させて語るのを好んだ。清く澄んだのが聖人君子で、濁ったのが中人、小人、下等人や倭などの夷狄《いてき》、そして汚泥と変わらぬのが禽獣《きんじゅう》なのだと、李《イ》退渓《テゲ》や李《イ》栗谷《ユルゴク》など朝鮮士大夫たちは執拗に繰り返す。

このような人間性の説明が、清渓川をめぐるソウルの構造を完璧に説明する。この川には、気純なる山の清冽なる水が流れる。上流は気場が清いために水は本来の清さをそのまま発現する。「四山下」はすべて、清渓川の上流である。

ところが下流（単なる地理的・物理的概念でなく道徳的概念でもある）に行けば行くほど、気場が濁るゆえに水もまた濁ってしまう。しかし水は本質的に濁ることはできず、その本性は汚泥においても清らかである。それゆえアレデのひとも、努力しさえすれば本来的には（現実的には不可能に近いのだが）ウデのひとのようになれるのである。このような世界観はいまの韓国にもそのまま残り、この国民の限りない上昇志向として現われている。昔は制度的にアレデのひとがウデのひとに上昇する道は遮断されていたが、いまそれがなくなり、かえって昔の哲学がそのまま実現されつつある。そしていま、李退渓や李栗谷は、清渓川をはさむかたちでそれぞれ清渓川路の南側（退渓路《テゲロ》）、北側（栗谷路《ユルゴンノ》）を衛《まも》っている。

分数の橋

ウデからアレデに向かって歩いてみよう。

いまの水標洞《スピョドン》にはかつて、水標橋という橋があった。朝鮮王朝時代に川の水位を測定する役割を果たし、また清渓川の橋の中で最も美しいといわれたこの橋は、正月十五日に「橋踏み」や「凧糸切り」などが行なわれた民俗の橋でもある。一九五九年の覆蓋工事の際、奨忠壇《チャンチュンダン》公園に移されて保存されている。

ところで橋は、「分」を表徴する。それは川の水を分節し、そこに住む人間の「分」を規定し守らせる。

水標橋、長橋《チャンギョ》のあたり、いまの鍾路二街、鍾路三街、乙支路《ウルチロ》二街、乙支路三街に囲まれたあたりになると、朝鮮王朝時代や併合植民地時代まで、庶民の女たちが川で洗濯をし、生活の汚塵が混じって、川の水はだいぶ濁ってくる。この気場を朝鮮王朝時代には中村《チュンチョン》といい、中人たちが住んだ。ウデとアレデの境界は広通橋《クァントンギョ》から孝橋《ヒョギョ》あたり（鍾閣の南側付近）だったから、中村はアレデの中で最もウデに近い気場であり、これは中人の社会的位階と完全に一致するのである。

夜になれば月が出る。清渓川の水の面に映る月は、ウデの月もアレデの月も元は同じひとつの月である。と同時に、その映った気場によってすべて異なる月なのである。これを性理学者は「理一分殊《りいっぷんしゅ》」という。理はひとつだが、「分」によってすべて異なるというのである。広通橋より上の月と下の月とはあきらかに異なる。ひとびとはそれぞれ自分の「分」を守って生きなければならない。これが性善説の現実的な姿なのであった。

商のはじまり

さて、水標橋からさらに下ってみよう。清渓川三街、長沙洞《チャンサドン》まで来ると、店の建物が雲合霧集しているのが見える。宗廟《チョンミョ》の南端から南に退渓路まで連なっている世運商《セウンサン》街《ガ》である。現在、ひとびとが「清渓川」というときは、たいていここを指す。世運商街は正確には、北から世運商街、大林商街《テリムサンガ》、三豊商街《サムプンサンガ》、新星商街《シンソンサンガ》、進洋商街《チニャンサンガ》と分けられる。

　この中に一歩はいってみると、器物たちが怒濤のように溢れかえっている。これこそが、アレデの本領である。ウデのやんごとなき士大夫たちをせせら笑うかのようだ。鍾路から長沙洞、礼智洞《イエジドン》、ペオゲには朝鮮王朝時代から、市場が連なり百工が所狭しと雲集していた。商というのは性理学の根本である義理に対抗する利を扱うため、秩序を脅かす混沌とみなされた。乱につながるものとして、士大夫たちが最も侮蔑したもののひとつである。商を積極的に認めたのは朴斉家《パクチェガ》（一七五〇―？）などごく少数であった。そのため彼の「北学派《ブッカクパ》」は権力によってつぶされた。
　実際、商の力は抑圧困難で、奔流するマグマのようにウデにも進出し、茶洞《タドン》や相思洞《サンサドン》には市井輩が住んだ。「分」をせせら笑う利欲つまり気の力が彼らにはあった。水標橋から下は理から遠くなる分、それだけ気力が強くなってゆくわけだ。

理のさいはて、気の熾盛

　さらにアレデに下る。清渓川は、東大門の南、いまの平和市場《ピョンフアシジャン》のあたりの五間水門《オガンスムン》と二間水門《イガンスムン》を通過して、城の外に流れ出る。『李圭泰《イギュテ》の六百年ソウル』という本によれば、このあたりには、仮山《カサン》または造山《チョサン》という人工の山（清渓川の浚渫工事の砂を盛り上げた山）があったが、ここは漢城の乞食たちの本山なのであった。顔や腕に黥《いれずみ》を入れられた犯罪者たちは社会から排除され、広橋、水標橋、西小門《ソソムン》、セナㇺト、万里峠《マルリコゲ》などに集り住んだが、その総本山がここなのであった。その頭目をコㇰチタンといった。山に穴を掘って住んだ彼らはここで泥鰌《どじょう》をつかまえ、鰍魚湯《チュオタン》（泥鰌汁）を売る利権を保持しつつ、ウデの権勢家の勢力下に入って葬礼に狩り出されたりした。

さて、コㇰチタンの巣窟のすぐ南には、光熙門《クァンヒムン》があった。もういちど『李圭泰の六百年ソウル』を参照すると、この門は別名を水口門《スグムン》あるいは屍口門《シグムン》といい、朝鮮王朝時代には黄泉門《ファンチョンムン》として、死体を運び出したり棄てたりする門であった。コレラなどの流行《はや》り病《やまい》にかかった瀕死の子どもたちは厲鬼《れいき》が哭《な》き妖気漂うこの門に捨てられたのである。そのため王朝時代には、「ソウルに行ったら水口門の石粉をそぎへずって来い」といわれた。死霊にまみれ穢れた水口門の石粉には逆に、万病を直す力があると信じられたのである。

ここに至って京の気（vital force）はその極致に達する。王宮を中心とするウデの理から遠くなればなるほどひと・地・物の霊気は強くなり、生と死をめぐる原初的なオカルトが絢爛に繰りひろげられるのである。

ソウルの近代化とともに清渓川は地上から姿を消し、目に見えない幻の川になってしまった。しかしこの川は消滅したのではない。地下に潜って脈々と流れつづけている。それはあたかもこの民族を数百年、数千年も支配しつづけた性善哲学と霊魂観とが、近代化によって姿を消したかのように見えながら実はひとびとの意識の深いところにて、奔湍《ほんたん》のように劇しく流れつづけているのと同じである。

＊

清渓川はその後、李明博大統領のときに覆蓋が取り払われ、暗渠が地上の川に戻って、岸辺はきれいに整備された。清渓川は市民の憩いの場所となったのである。休日などにはこの岸辺でさまざまなイベントが催され、家族づれや恋人たちで賑わう。かつてのソウル中心部のカオスのような乱雑さを知っているひとから見れば、いまの清渓川は人工的な美観の整備がなされすぎていて、不自然な感じを与えもする。ここは本当にソウルなの？　という感じだ。しかし、道具箱をひっくり返したようなごちゃごちゃの雑踏よりも、整然とデザインされて統一感のある景観を、いまのソウルの中産層的感性は好むらしい。そこに官製の「ダイナミック・コリア」などというスローガンがくっついて、こぎれいな映像とともに観光客の誘致に利用される。しかし怒濤のように猥雑だったかつての巷に郷愁を感じる者からしてみれば、いまの清潔でつるんとした無機質な清渓川のどこがダイナミックなのか、さっぱりわからない。

粋の黄昏——明洞を歩く

浪漫の構造

いまの明洞《ミョンドン》は明洞ではない。多くの韓国人がそう思っている。なぜだろうか。ここにはもう浪漫がないからだというのである。かつてあった浪漫というものが、いまのファッションブティックだらけの明洞にはころがっていない。そう、韓国人はいう。

韓くにの浪漫とは何だろうか。かつて「芸術と浪漫と愛の街」と呼ばれ、「流行の一番地」と呼ばれた冬の明洞道を徘徊しながら考えよう。

明洞にかつてあったとされる「芸術」「浪漫」「愛」「流行」といったものの底を通じているのは、「モッ（粋）」という概念である。これは、逸脱を意味する。理からの逸脱。理とは、規範であり普遍であり秩序であり権力であり論理であり理論であり道徳であり絶対であり不変であり高級であり抑圧である。この理から逸脱し、あるいは理と軽やかに戯れ、あるいは理を脅かすほどの力を持ったもの、それがモッなのである。これには大きくふたつの種類があって、それらをわたしは〈理念の枠《モッ》〉〈感性の枠《モッ》〉と呼ぶことにする。

そして明洞こそは、このふたつのモッ＝枠の本場なのであった。その本質を知るためには、われわれは現在を遠く離れ、朝鮮王朝の頃の明洞にまでこころを翔ばせてみる必要がある（なお明洞という地名は、狭い意味では明洞一、二街を指すが、広い意味ではそのほかに忠武路《チュンムロ》一、二街と苧洞《チョドン》一街、南山洞《ナムサンドン》一、二、三街を合わせていう。ここでは広い意味の明洞を語ろう）。

南山の麓、理念の枠

〈理念の枠〉とわたしがいうのは、現実的に権力を掌握している理念から逸脱し、それに対抗する理念によってアンチを唱えることである。

朝鮮王朝時代、いまの明洞から南山の麓までの一帯は、南村《ナムチョン》と呼ばれて、官途の閉ざされたソンビ（士人）が集まり住んだ。李退渓《イテゲ》にその源流を発する南人《ナミン》派は、朝鮮後期には老論《ノロン》派との党派闘争に破れ、権力中枢から排除されることが多く、漢城（ソウル）ではこの南村に住む者が多かった。李退渓は朝鮮思想史上、理尊の大儒であり、彼の理の流れは朝鮮後期、執権党の体制イデオロギーから逸脱し、決して屈せずに休みなき批判を加え続けたのである。彼らこそ〈理念の粋〉と呼ぶにふさわしい。

南人以外にも、同じく老論との党争に破れた少論《ソロン》派や、制度的に仕官の資格がない庶子なども、いまの明洞や筆洞《ピルトン》、墨井洞《ムクチョンドン》など南山の麓に住んだ。彼らの一部は「南山《ナムサン》コルセンニム」といわれたのだが、これは、貧しく暮らしつつ道理に固執する儒生を、「世間知らず」という揶揄のニュアンスを含めて呼んだ語である。貧しいながら彼らの交遊はなかなか風流であり、また体制両班の学問とは異なる新しい文物の研究も盛んに行なったのである。朴趾源《パクチウォン》（一七三七―一八〇五）の奇想天外な小説『許生伝《ホセンジョン》』の主人公である許生《ホセン》も、いまの墨井洞に暮らしていた。貧しい彼は勉強をやめて商売で巨利をおさめ、理想社会をつくらんとしたのであった。

聖堂、民魂の粋

さて、このような〈理念の粋〉を現代において継承したのは、ひときわ高い丘（プクタルジェ）の上に建つ明洞聖堂《ミョンドンソンダン》であろう。この聖なる地こそは、韓国の民主化運動の象徴の地であった。

天空の高みを摩するかのような尖塔を仰ぎつつ、ゆるやかな丘の傾斜を昇ってゆこう。ゴティック式の荘厳なるカテドラルは、一八八五年に入国したフランス人のコスト

（祝聖式は一八九八年五月二九日）。直接建築を指揮して一八九七年に完成したものである（高宣善）神父が設計し、八〇年代半ばのある午前、わたしはひんやりと暗い聖堂の中で枢機卿の静かな声を聞いていた。建物の外ではひとびとが透明な声で賛美歌を歌い、死者たちの魂しずめが行なわれ、さらにその外では学生たちが街頭デモを繰りひろげていた。とうてい抑えきれぬ劇しい逸脱の力が、街と丘の底から噴出しているのだった。体制の抑圧に抵抗し、自由と民主を求めたあの運動は、思想的なモッ＝粋運動であったといえよう。

倭人によるモダン粋

明洞の地のうち、南山とプㇰタㇽジェという山と丘とが〈理念の粋〉の母胎であるとすれば、そのほかの地域は、それとは異質なもうひとつの逸脱つまり〈感性の粋〉の気場なのだといえる。韓国においてこのタイプのモッ＝粋は、永い間軽侮の対象でもあった。それゆえ粋人、洒落人、格好よい男は、「モッ＝粋」に蔑称の「チェンイ」という語をつけて「モッチェンイ」と呼ばれたのである。

さて、ソウルにおけるモダンな〈感性の粋〉の到来は、日本による併合植民地支配という疼痛とともに始まった。

明洞（正確には忠武路二街）のあたりはかつて非常にぬかるみ、チンゴゲ（「泥の丘」の意）と呼ばれた。この気場が、日本人の活動地域となったのである。明洞は明治町と呼ばれ、本町（いまの忠武路）とともに日本人の商業、遊興の中心地となった。このあたりを中心にしてモダンな文物がソウルに浸透したのであって、これは当時の朝鮮では劇しい逸脱であった。

一九三四年には三越百貨店ができ（いまの新世界《シンセゲ》百貨店）、向かいの中央郵逓《ゆうてい》局の横には高さ十メートル以上のイルミネーションが絢爛と輝やいた。明治座では李蘭影《イナニヨン》、張世貞《チャンセジョン》、南仁樹《ナミンス》やチョゴリ・シスターズが公演をして人気をさらった。

しかしこの時代のソウル表層文化は倭色《ウエセク》文化だったし、〈感性の粋〉が軽侮される風土においてはなおさら、モダンな文物たちは韓国では評価されずに歴史に埋もれてしまっている。

解放以後の浪漫時代と現在

さて、解放を迎えて明洞には、韓国人による粋が再び花咲いた。六・二五（朝鮮戦争）の大混乱をはさんで、この街には音楽家や画家や小説家などの芸術家、粋人、つまり逸脱者たちが集まって濁酒《だくしゅ》をくみかわしながら談論風発した。この頃が明洞における〈感性の粋〉の黄金時代ではなかったか。

七〇年代にはいると、都心再開発が始まって、明洞からは急速に浪漫が消え去って行く。地価の高騰によって、粋の舞台だった酒場が姿を消してゆき、かわりに金融会社の大きなビルが次々に建つようになる。さらには高級ブティックが立ち並び、明洞はビジネスマンと淑女たちの街に変わる。いつしかここは、韓国で最も地価の高い気場としての名声を揺るぎないものとするようになったのである。

さて、八〇年代にはいると富裕な淑女たちのためのブティックは、明洞を離れて江《カン》南《ナム》に集まるようになる。時代の流れにつれ、明洞の顔は休みなく変化してゆく。九〇年代の明洞に登場したのは、「新世代」と「マーケティング」という逸脱である。いまここには、服・靴・鞄など新世代ファッションの店が櫛比《しっぴ》している。社会は大衆化し、それゆえこれらの店は「明洞ならでは」という気場のオーラを持たず、新村《シンチョン》にも江南にも釜山にも同じ店が存在するのである。

新世代のファッションを粋と認めるか否かについて韓国の見解が分かれており、「いまの明洞は明洞でない」という談論がひとびとの口から出るのも、昔確かに存在したはずの浪漫への強い郷愁のためである。

＊

明洞はその後、実に劇《はげ》しくその相貌を変えていく。まず二十世紀の終わり頃から、日本人観光客が増えたのと呼応して、この街には日本人相手の化粧品やファッションの新しい店が激増する。「冬ソナ」ブームの起きた後はまさに雨後の筍のように、下品でぺらぺらに安っぽい店々が所狭しと櫛比《しっぴ》した。そこで飛び交うのは客引きの日本語のだみ声ばかりで、うるさい、うるさい、うるさい。もう浪漫もへったくれもない。「明洞は完全に死んだ」といわれたものだ。詩人や小説家や画家が明洞に集《つど》わなくなったのははるか昔のことだが、もはやこの街には韓国人すら寄り付かなくなった。商人以外の韓国人が、全然歩いていない。そして日本人ブームのあとにこのチープな街を占拠したのは、中国人観光客の大群であった。彼ら彼女らの猛烈な加速度的消費は、すさまじいものだった。もはやここは、韓国のなかでももっとも浪漫からかけ離れた我利《がり》我利《がり》亡者《もうじゃ》たちの墓場のような街になってしまった。浪漫的近代を終え、もとのチンゴゲ（泥の丘）に戻ってしまったのである。そしてコロナ禍で日本からも中国からも誰も来なくなった後、地価だけはべらぼうに高いこの街は、ソウルのど真ん中の空白地帯のようになってしまった。今後の劇的な変貌に、一抹の期待をしておこう。

あこがれに生きる少女たちよ——大学路を歩く

史上空前の自由

　夢遊病者のようにひとりの少女が歩いている。長い髪の、清らかな肩の、少女が、ストリートを歩く。わたしは追う。少女は誰だ？　知らない。ここはどこだ？　大学《テハン》路《ノ》。若者のストリート。少女はどこへ行く？　放送通信大学の前を通り、文芸振興院、マロニエ公園、地下鉄の恵化《ヘファ》駅を通って、青い鳥《パランセ》劇場まで来た。

　少女はなにかを探している。どこかの店で、ボーイフレンドと待ち合わせをしているのだろうか。その足どりは、風船のようにひらひらと舞っている。

　通りを渡ると、そこには古びた喫茶店がある。「学林《ハンニム》」という名だ。一九七〇年代までソウル大学校がここ大学路にあった当時に、学生たちのたまり場だった、伝説の「学生街の喫茶店」。一九四六年からある。

　少女は白昼の夢遊をたのしむように、意志的な歩みでなく、吸い込まれるようにして、その店にはいって行った。一瞬、暗くてなにも見えないようだ。流れているのは、ブラームスであった。地中海風の、西海岸風の、スカンジナビア風の、インド風の、……さまざまな店が瀟灑《しょうしゃ》に立ち並んでいる大学路にも、こんな店が残っていたとは。

少女はまるで定められたかのように、ひとつのテーブルに向かう。そこに誰がいるのか。聡明な雰囲気を漂わせた、短い髪の婦人。そして六〇歳ほどのおばあさんと、もうひとりは八〇歳ほどのおばあさん。誰だろう。

少女はその席にすわり、そして四人は、無言でお茶を飲む。短い髪の婦人は母で、少女は娘なのだった。そしておばあさんたちは、少女の祖母と、曾祖母だ。今日は皆でおでかけ。青春の気を呼吸しに。懐かしのこの通りにやって来た。

店の窓から外を見下ろす。午後になって、ストリートには若者たちがたくさん集まりだした。こんがりと日焼けした、かろやかな身といでたちの少年たち。へそを出して闊歩する女子学生。恋人どうしが猫のように体をからめながらじゃれている。レゲエやヒップホップのファッションで踊り、カリフォルニアのファッションでスケボーをする。

それぞれの大学路と青春

ここにあるのは、史上空前の自由である。この国の若者が、これほどの自由を得たのは、歴史上初めてだろう。

曾祖母の青春時代、この国は併合植民地であった。まさにこの場所に、京城帝国大学があった。初めての卒業生が法文学部から生まれたのは、曾祖母が十七歳のとき、一九二九年のことだった。全卒業生六十八名のうち、朝鮮人は二十二名であった。

祖母が十七歳のとき、朝鮮戦争が始まった。一九五〇年六月、北は一気にソウルに入城し、南はその後九月にソウル奪還、そして翌年一月に再びソウルを占領され、さらに三月にはソウルを再び奪還した。祖母の青春は、まさに戦争の砲火のさなかに埋もれた。

母が十七歳のとき、この通りは学生の政治的な熱気に溢れていた。ソウル大学生たちは、この街でデモと恋をした。一九七一年には、ついにソウル大学校に休校令が出される。あの緊迫した空気の中に、母の青春があった。

そしていま、その母たちの娘、十七歳の少女は、自由のるつぼの真ん中にいる。それは、永い永い道のりであった。

ライブとオーラの街

この大学路は、政府が一九七五年にソウル大学校を冠岳山《クアナクサン》に移転させた後、文教モデル地区に指定したときから、若者の健全なる文化空間として形成された。だからここは、若者の自由の噴出地であると同時に、自由の管理地でもあった。江南や新村のような、原色の自由という感じではない。ここで遊ぶのは、自由の若い模範生徒たちである。

だが、この街を特徴づけるもうひとつのものとして、演劇を忘れてはなるまい。これは往々にして、管理された自由の枠を突き破る力を持つこともある。

通りに乱舞する演劇のポスター。ここはあきらかに、「ライブ」の街である。ここ数年、この国の若者においても、電子メディア装置を通したコミュニケーションが主流になりつつあるが、ここ大学路には生の肉体と肉声が、民族オーラを発しつつ現存在する。ベンヤミンのいうAuraは、韓くにことばでは「끼《キ》」(「気」から派生した語。男女関係や芸能などごく特殊な分野における天性の才能を指す。辞書には載っていない)と翻訳できるだろう。

数ある演劇の中でもきわめて韓国的といえるものをひとつ紹介しよう。

『プムバ』。詩人・金詩羅《キムシラ》の作になる一人劇である。社会の最底辺に位置する乞食の歌を通しての批判と風刺。作者の故郷の近くに「天使村《チョンサチョン》」という名の乞食村があり、幼い頃から彼らの生活に慣れ親しんでいたという背景がある。全国で公演を重ね、一九八〇年代には「プムバ時代」を築いた。八八年にはニューヨーク公演を成功させ、その後韓国での観客動員数と公演回数の最多記録をつくった。

併合植民地時代から解放、左右イデオロギーの対立、自由党時代、朝鮮戦争という時代背景の中で乞食の生活が描かれる約一時間五十分の劇だが、内容や台詞はそのつど変えられる。社会の不条理や病弊に対して沈黙を守らざるをえない民衆のこころを、諧謔と風刺で解放させるのが基本的な性格だ。

この劇がこれほど人気を得たのは、観客とのコミュニケーション性にある。「元来、韓国の伝統的演劇形式は、観客と俳優が交流し、ともにたのしみ、恨《ハン》を解く空間であった。この演劇の生命力は、われわれのこのような心性と情緒に根を下ろしている」と作者は語っている。

「ハン」とはあこがれである

ここにまた、恨《ハン》ということばが出て来た。韓くにではずいぶんよく聞くことばだ。恨は日本語の「うらみ」とは違う、と多くの韓国人はいう。正しい指摘だ。不朽の大作『土地《トジ》』の作家・朴景利《パクキョンニ》も、「ハンは所望《ソマン》である」という。日本語でいえば、本望。これが、韓国人による「ハン」の説明のうちで最も本質に近いところを衝いている。

わたしの考えでは、「ハン」の持つ肯定的な意味の側面に最も近い日本語は「あこがれ」である（これとは別に否定的な意味も持つ）。本来いるべき場所にいないこと。本来いた場所に帰ろうとすること。本来性と現実性とが合一化・一体化するのを希むこと（「ハン」には「一」の意味がある）。それが「ハン」であり、あこがれである。

それゆえ「ハン」は民衆だけのものではない。士大夫にとっては、天理と合一すべく修己《しゅうき》するが、さまざまな困難が現われて合一できぬこと、それが「ハン」である。

朝鮮王朝の宣祖《ソンジョ》（在位一五六七―一六〇八）の時代、いまの大学路の東側に李潤慶《イユンギョン》という士大夫が住んでいた。弟は著名な宰相・李浚慶《イジュンギョン》であった。李潤慶の家は東小門《トンソムン》に近いため「東小門」といい、いまの奨忠洞《チャンチュンドン》にあった李浚慶の家を「南小門《ナムソムン》」といった。兄は政治の実践において道理を最高の指針とみなす。弟は実利を最優先にする。いわば兄は道学者、弟は事功学派だったわけだ。それ以来、士大夫たちは「東小門か、南小門か」ということばをよく使ったという。事にあたって、道理を優先するか功利を採るか、という意味である（李圭泰氏の前掲書による）。

その後ずっと、いまの大学路一帯は、道理の気配が濃い土地であった。著名な学者がこの土地に多く住んだのも、大学所在地というほかに、「道理の東小門」の名残りがあったのやもしれぬ。

あこがれのさきはう国の女人

さて、「自由」はこの国の民衆にとってずっと、「ハン」の対象であった。曾祖母も祖母も母も、永いこと、自由に対する「ハン」を生きたのはもちろんだ。そしていま、自由をこの手に得た十七歳の少女は、ひとつの「ハン」をおもむろに解く。解きながら、さらなる理想の高みへと、「ハン」のこころを飛翔させるのだ。

四人は喫茶店から外へ出る。少女の影と母の影と祖母の影と曾祖母の影。四つの影が、それぞれの歴史を物語りつつ思い出のように揺らめいている。

マロニエ公園と文芸会館のあいだの木翳《こかげ》に、ストリートペインターたちがいる。少女と母と祖母と曾祖母は、行儀よく堂々と、椅子に並んだ。四人のペインターたちに、それぞれの肖像画を描いてもらうのだ。

……しばらくしてできあがった四人の肖像画を見て、驚きの声を挙げたのは少女だった。四人とも皆、不思議なくらいそっくりなのであった。四つの顔はあたかも、キラキラと全く同じ青春の光りを発しているようであった。

高く大きな理想へのあくなきあこがれに満ちた、輝やける目と頬の光り。この国の女人の美とは、そういうものである。

＊

ここに登場した少女は、この文章が雑誌に掲載された一九九四年の時点で十七歳だったのだから、一九七七年生まれだったのだろう。いま（二〇二三年）では四十六歳になっているはずだ。彼女は十七歳以後、どんな人生を歩んだだろうか？　高く大きなあこがれに向かって、自分の翼を自由にはばたかせることができただろうか？　彼女が大学生になって、社会に出て、自己実現していく三十年近くの韓国というのは、まさに民主化を強力に推し進めていく動力と、高度経済成長の動力とが合体したり反発したりしながら、坂を転がり上がるような激動の時代だった。少女はその間に、おそらく外国に数年間は留学に行っただろうし、そのまま外国でしごとに就いたかもしれない。外国の大学院で博士号を取得して、都市デザインなんかの専門家になって、ソウルに戻ってきたかもしれない。そして伝統とデジタル技術との両軸を全的に駆使して、大学路の新しいコンセプトを打ち出し、実現しようとしているかもしれない。

そんな野心的で優秀な韓国の女性たちを、わたしはたくさん知っている。ほんとうに、韓くにの女性たちのあこがれは、まぶしくて輝かしい。

石から電脳へ　青春は叫ぶ——新村を歩く

石のような青春

劇しかった夏はとっくに去ったが、この国の青春は萎《しお》れない。疲れを知らずに夢を見る。

新村《シンチョン》は、この国の若者文化においてやはり特異な位置を占める。延世《ヨンセ》大学校（高麗《コリョ》大学校と並ぶ私学の雄）、梨花《イファ》女子大学校（韓国最高の聖なる女子大）、西江《ソガン》大学校（驚異的成長を遂げたミッション系の新鋭）、弘益《ホンイク》大学校（私学最高の美術部門を擁する）という特色ゆたかな有名大学が四つも存在することが、この街の雰囲気を明洞や鍾路《チョンノ》、江南《カンナム》の狎鷗亭洞《アップクジョンドン》とは決定的に異なるものにしている。それは、青春の疾風怒濤である。明洞や鍾路は純粋な青春というより、もっと多様なソウルっ子たちのアジールだ。江南の流行は、外国香水の馥《かお》りが強くて倍達《ペダル》青年（「倍達」は韓くにの別称）の匂いがあまりしない。

新村といえば、石というイメージがしてしまうのは、八〇年代のこの街で受けた衝撃をいまだに忘れられぬからかもしれない。石のような青春の街だった。すべてがごつごつと青くさかった。音も光りも匂いも空気も、すべてが叫びであった。桎梏《しっこく》を打ち破ろうとする雄哮びであった。

延世大学校の正門の前では、石と催涙弾とが飛び交っていた。公権力につかまって叩かれながら統一の歌を歌い続けていた女子学生の身悶えを忘れない。反米反日反軍事政権を叫びつつ巫女のトランスのように空中で跳舞していた。それは坩堝《るつぼ》で焼かれた意志の硬い結晶そのものであった。

外国人記者たちが走りまわっていた。カメラを持った金髪の男が、わたしに「気をつけろ！」と叫んだ。その瞬間、戦闘警察が走って来て、なにやらわたしに叫んだ。

「身分証！　身分証！」といっているのだと気がついたときにはすでに、相手の足がわたしの頬を蹴り上げ、わたしは地に蹲《うずくま》っていた。落としたビデオカメラを蹴り壊しながら戦闘警察は、「日本奴《イルボンノム》だ、日本奴だ」と呟いていた。

一方でそのようなデモが繰りひろげられつつ、他方ではディスコや生麦酒《センメクチュ》（生ビール）の店で青春が燃焼されてもいた。小便の匂いのする暗いディスコでは、男同士が抱き合ってチークを踊り、焼酒《ソジュ》（焼酎）や生麦酒の店では社会や恋愛をテーマに延々たる議論が続いていた。

それにしても八〇年代の新村は、時代を映して劇しい変化の連続だった。七〇年代終わりから八〇年代初めに梨花女子大に通い、卒業すると同時に米国に留学したKは、八〇年代後半に韓国に帰って来たとき、ソウルと新村の変わりようにわが目を疑ったという。そしてその後の変化もまた、驚くべきものだった。

彼女の話を、聞いてみよう。

七〇年代、新村の青春

七〇年代、あの頃は、大時代な精神が残り香のようにこの街にも漂っていた。

あの頃は、大学生は胸にバッジを付けていた。梨花女子大は梨の花のバッジ。学部ごとに色が違ったから、遠くからでもなに学部の学生だか識別できた。延世大学校のバッジは法学部ならハングルで「법《ポブ》（法）」と書いてあるものだから、近くに行かないと識別ができなかった。とにかく、一流大学のバッジを胸に付けることが憧れであり誇りだったのだ。あの頃は、選ばれた者があからさまに闊歩する時代だった。富める家の娘は、華麗な服を選り好んで着ていた。既製服のなかった時代。大学前の服屋や靴屋も、いまのような廉価なものを扱うのではなく、もっとずっとハイクラスだっ

た。あの頃は、新村駅前一帯は市場と酒場が密集していた。濃い化粧して足を組んで座る酒場の女の前を、お姫様のように外国製の白いドレスを着た女子大生が通り過ぎる。それがこの街の日常だったのだ。あの頃は、女の子が青ズボン《チョンバジ》（blue jeans）を穿《は》くのを好まない親が多かった。あの頃は、家父長的な権威が強き時代であった。たいてい兄弟は三人から五人くらいいて、長兄の権威は絶大。怖くて、話をするのも大変だった。帰りが少し遅くなると、兄にしかられた。あの頃は、日没が門限という家が結構多かったので、夏になると嬉しかった。

あの頃は、大学の前に店が多くなかった。授業が終わると、『パリ茶房《タバン》』などいくつかある喫茶店で音楽を聞きながらおしゃべりをするのが、女子大生の娯楽だった。蛹《さなぎ》を煮たのやとうもろこしを焼いたのをよく食べた。あの頃は、カジュアルなスタイルよりも正装が人気だった。五月の祝祭（メイデイ）には、一張羅の背広を着た男子学生たちが校門の前に蝟集したものだった。白い韓服を着たメイクイーンが選ばれた。あの頃は、早い子は大学三年から化粧を始めたが、たいていは四年になってから化粧をした。あの頃は、文庫本が人気だったし、詩集もよく読んだ。あの頃は、ロックンロールと筒《トン》ギター（アコースティックギターのこと）の時代だった。人気の歌手は、キム・ミンギ、ヤン・ヒウン、キム・セファン、ソン・チャンシク、ユン・ヒョンジュ……。あの頃は、生麦酒が流行りはじめて、延世大学校の前に生麦酒の店がたくさんできた。でもまだ高かったから、ほとんどの学生は焼酎を飲んだ。あの頃は、女子学生で煙草を吸う子はいなかった。ときたまいると、変な目で見られたものだ。

あの頃は、男子学生との出会いといえば「ミーティング」しかなかった。男子と女子が同数ずつ集まり、喫茶店やレストランでパートナーを決めて話をする。新村ロータリーに『傘の中《ウサンソク》』という有名なゴーゴー場があって、そこでミーティングするのをゴーティングといった。五月に苺がなると、山に苺を食べに行く野《ヤ》ティングをした。

あの頃は、学生たちがよくデモもした。朴正熙《パクチョンヒ》政権末期の、激動の時代だった。夏休みには田舎に行って農民と一緒に農作業をする「農村奉仕《ノンチョンポンサ》」をした。教育を受けられない貧しい子どもたちが多かったから、大学生たちは組織的に「夜学《ヤハク》」活動をして、そういう子どもたちに勉強を教えた。

あの頃は、女子大生が卒業後にしごとをするのは、稀だった。大学四年になるとそれまでつきあっていた男と別れて見合いをし、卒業時には結婚相手が決まっている子が多かった。卒業した年は、結婚ラッシュだ。毎日のように同級生の結婚の消息が飛び込んで来た。米国に留学するというと、「女の子がなんでまた」という目で見られたものだ。しごとをしたい、といえばまた変に見られた。

でも、それが彼女の青春だったのだ。

情と報、電脳士大夫の時代

九〇年代にはいって、ソウルの街に、ぬかるみが少なくなった。巨《おお》きなビルを普請中の建設音が少なくなった。衝突と喧嘩が少なくなり、石のように強張った顔の若者が少なくなった。

驟雨が降ると、道はたちまち泥濘の海となり、ビニールの竹傘を売る貧しい少年たちがどこからともなく蜂のように飛び出して来たのが、八〇年代までのソウルだった。雨が上がって強い日光が差すと、道行くひとびとは故郷の村の、藁と肥やしの匂いを思い出した。七〇年代生まれ都会育ちのいまの若者は、そんな田舎の匂いを知らない。牛の糞の匂いを嗅ぎながら飯を食うとうまいんだ、という農村育ちのことばを聞いて笑う。

九〇年代の若者は、新世代とかX世代と呼ばれる。定義されない個性としての変数X。しかしそれはあきらかにひとつの主張、「Xである」という主張を持つとされる。ところがその主張を背後で操るのも、彼らを装飾し演出するモノたちをつくり、調達するのも、実は既成世代のしごとである。だから、マスコミの表面に現われる「X世代」は厳密には、既成世代のまなざしによって形成されたひとつの類型である。それゆえ彼らの「個性的」といわれるファッションも、実は「個性的」という名の画一的なマーケティングの産物にすぎない。

しかし、広告に描かれたファッションや、新聞に書かれる行動パターンの画一性を超えて、実際の若者たちはずっと多様性を持っている。クルマを自在に乗り回したり、おへそを出して颯爽と歩くだけが能じゃない。九〇年代のソウルは、情報の質と量とが爆発的に増えた。若者の多様性に、メディアが追いつけないでいるというのが実情だろう。

李《イ》御寧《オリヨン》は、「産業革命は工業機械の世界で、これは自然との一体感を重視する韓国人には体質的に合わなかった。しかしこれからの情報革命の時代には、情とコミュニケーションを重視する韓国人こそが最も活躍できる」という意味のことをいっている。この新村にも、情報化とコミュニケーションをキイワードとした新しい波が押し寄せている。電話やファックス、インターネットを駆使するカフェ、最先端の歌部屋《ノレバン》（カラオケボックス）やビデオ部屋。

若者たちはマルチメディアに熱中する。創造性を抑圧する要素がひとつずつ消え去って、世界を瞬時に飛翔しつつ理想の実現に克己する、電脳士大夫《サイバーソンビ》（cyber-seonbi）

たちが誕生する。

＊

新村は新村。この街の基本コンセプトは、変わらない。店やファッションや遊びやテクノロジーや世界観は変わっても、「青春」という一点だけは、変わらない。ここがすごいところだ。なぜなら「青春」とは、近代の一時期に強引につくられた価値観にすぎないから。「青春」とか「青年」というのは、日本が近代の時期に西洋から「成長する人間」という新しい思想を受け容れて、少年と壮年の間の疾風怒濤の年代をそう名づけることにしたものだ。その概念が韓くにに移入され、絶対的な信仰を得て、近現代の韓国を支配しつづけた。そしていまやポストモダン日本では、「青春」とか「青年」などという古くさいことばはもう死語寸前になり、あるいは恥ずかしくて使うのに勇気が必要な語になってしまった。それなのに、韓国ではいまだに強力な磁場を持ちつづけていることばなのだ。それは、大学という場所が、いまだに青くさい青春のにおいを強烈に発することを止めていないからだろう。日本の大学がもはや青春という概念をほぼ喪ってしまったのとは異なり、韓国の大学は、いまだに青々とした青春をやっているのだ。

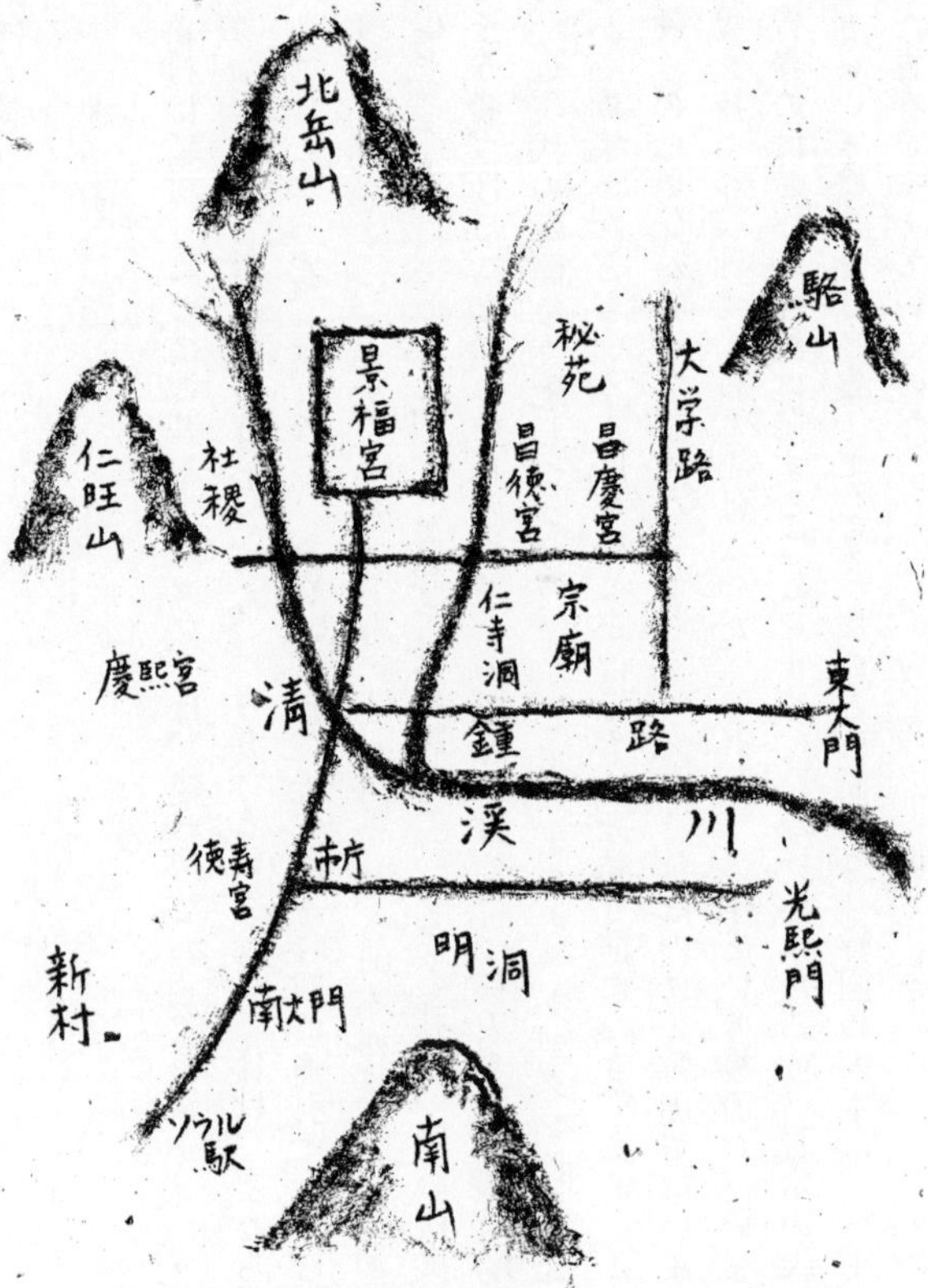
北岳山
駱山
仁旺山
景福宮
秘苑
大学路
社稷
昌徳宮
昌慶宮
宗廟
仁寺洞
慶熙宮
清
鍾
路
東大門
渓
川
徳寿宮
市庁
光熙門
明
洞
新村
南大門
ソウル駅
南山

影踏み――新書版「終わりに」

〈ねじれ〉は、消えぬ。

最近、この思いはますます強い。

〈ねじれ〉はまずなによりも、ことばにかかわっている。

早くして逝った在日韓国人作家・李良枝《イヤンジ》（一九五五―九二）。彼女の芥川賞受賞作『由熙《ユヒ》』の主人公・由熙の声がなぜか気流のように、耳の奥に聞こえる。

在日韓国人の由熙は韓国の大学の国文科に留学する。けれど韓くにと韓くにびと、そして韓くにことばになじめず、結局挫折するのだった。

由熙は、朝、目が醒めたとき、声が出るのだという。

「――あれをどう言ったらいいのかなあ。目醒める寸前まで夢を見ていたのか、何を考えていたのか、よく思い出せないのだけれど。私、声が出るの。でも、あれは声なのかなあ、声って言ってもいいのかなあ、ただの息なのかなあ」

「――アーって、こんなにはっきりとした声でもなく、こんなに長い音でもないものが口から出てくるの」

それを由煕は、「ことばの杖」という概念で説明する。

「――ことばの杖を、目醒めた瞬間に摑めるかどうか、試されているような気がする」

「――아なのか、それとも、あ、なのか。아であれば、아、야、어、여、と続いていく杖を摑むの。でも、あ、であれば、あ、い、う、え、お、と続いていく杖。けれども、아、なのか、あ、なのか、すっきりとわかった日がない。ずっとそう。ますますわからなくなっていく。杖が、摑めない」

そうして由煕は、ことばに疲れた身体をひきずりつつ、母国を去って行くのだ。これは〈ねじれ〉だ。由煕は在日韓国人であるがゆえに、この〈ねじれ〉を強烈に感じざるをえなかっただろう。

しかし、日本人であるわたしもまた、別の〈ねじれ〉を劇しく感じたのだった。それは最初に韓くにの土を踏んだときからのことであった。

なぜ韓くにのひとは、「yokohama」を「amahokoy」と、「tokyo」を「oykot」と発音しているように、わたしには感じられたのだったろうか。

倒錯の感覚。

「山」は日本語で「yama」、韓くにの古いことばで「mëy」または「moy」。「os」は韓くにことばで「衣服」、「so」は古い日本語で「衣服」。

英国からオーストラリアに流されたひとびとは、英語の語の音を逆にして使ったという。玄界灘を越えると、ことばはねじれて逆綴りになるのだろうか。* ましてや韓くにことばと日本語との間の〈ねじれ〉は、現代史において起こったのでもなく、その根は古代にまで遡るのである。

初めて韓くにを訪ね、初めての〈ねじれ〉を感じてから十数年になるが、わたしは依然として〈ねじれ〉を感じ続けている。

아はアと発音し、나무はナム（意味は「木」）と発音するが、その発音や意味になぜこれほどわたしという人間の〈核〉をこするような感覚が宿っているのか、そのことを知りたいのだった。

＊もちろんこれらは言語学的に意味のあることではない。言語学的には、韓くにことばの「moy＝山」は日本語の「mori＝森」と深い関係にあるとされている。日韓両国語の言語学的比較について関心のある方は、『韓国語と日本語のあいだ』（宋敏著、草風館刊）を参照されたい。

＊

それゆえこれは、ことばの音や意味の問題だけではなかった。〈ねじれ〉は、わたしそのものにかかわっていたのだ。〈ねじれ〉はわたしの〈核〉に直接かかわる。〈核〉を摑もうとねじれる。

韓くにでの初めての夜、わたしは名も知らぬ街の喧騒の底で、ひとり酒を飲んでいた。わたしのこころは、かつてない鼓動を打ち騒いでいた。

この国とひとのたたずまいに衝撃を受け、わたしは夢遊する男のように、市場の酒場にはいって行ったのだった。

すでにこの京の夜は開始されていた。わたしは真っ赤な料理を肴に、透明な酒を飲んだ。火の酒であった。氷のように冷たいその液体は、龍の咽喉から吐かれる火のように、わたしの胃を一気に燃やした。

わたしと同じ人間がどこかにいるかもしれないという啓示は、そのとき、赤ん坊の泣き声のように突然やって来たのである。

絶美な夜景、遠くの空に銀河の浮かぶ夜を背景に、赤い刺戟物を摂取しながらわたしは、ふと、この半島に、もうひとりのわたしがずっと住んでいたのではないか、そう感じる。

韓くにというこの小さな半島のどこかに、わたしと同じ顔をし、わたしと同じ父と母とを持つ男が必ずいる。そういう考えは、少しも不思議ではないような気が、わたしにはしたのだった。

アナザー。

そう、もうひとりのわたし。この京にいるに違いないのは、わたしの〈アナザー〉である。

こうして、わたしの旅は始まったのだった。わたしはこの燦爛たる半島で、たったひとり、わたしの〈アナザー《ドッペルゲンガー》〉を探しに行くわけだった。

どうしてそういうことになったか。

知らぬ。

率直にいって、この瞬間、〈アナザー〉と呼ばれた存在の意味をわたし自身、理解していたとはいえない。むしろ、全く理解していなかったであろう。

ただ、わたしは、なにか異様としかいいえない歴史の〈ねじれ〉をすべての感覚器官で感受していた。〈ねじれ〉の感覚は、切羽つまっていた。もしかすると、それはわたしが密かに永いあいだ求めていたものが、希いどおりにやって来たのかもしれなかった。アルコールのためでなく、わたしの時間感覚と空間感覚とは劇しい力で捻転させられていたが、その力のみなもとをわたしは、知るべくもなかった。この半島にて、わたしが〈アナザー〉を探し始めた頃、大気はすでに冬の気配を帯びていた。

わたしは自分がこれまでサイボーグではなかったかと錯覚するかのようであった。それまで日本で、海に瀕した倉庫の街にひとり暮らしながら、「寂しい」などという人間の感情を感じたことがついぞなかったのだった。しかしこの星では、冷たい昼風に吹かれながら、ひとびとが「寂しい、寂しい」と騒ぎ合っていた。わたしはなおその感情を知らなかったが、どこかに潜む〈アナザー〉を思うとき、わたしの脇を擦過する風にひやりとした冷たさを感じたのは確かだった。

わたしは急ぐように道から道へと姿を動かした。〈ねじれ〉のためか、歩くことすらがなにか不安定で夢遊している風情なのであった。

＊

深く謐《しず》かな秋の陽が紅葉を照らして絶美であった。

〈アナザー〉を探して古い寺をたずねたわたしは、そこに寺がないことを知ったのである。

次から次へと寺を巡ったが、どこにも寺はなかった。

わたしは愕然と伽藍《がらん》にたたずむ。

寺はないのではない。それは、たしかに、ある。しかしあると同時に、ないのだ。寺の前に立てられた案内板が、その秘密を語っている。行く寺行く寺ほとんどが、豊臣秀吉の軍によって、約四百年も前に焼かれてしまったのだ。いまここにあるのは、再建された新しい伽藍なのだった。

それらは単に「不在」なのではなかった。そのような客観的な、中立的な状況ではなかった。なぜなら、過去にまさに日本人がそれを焼いたのであり、それゆえ、いまのこのわたしもまた、あの寺々の不在に厳然とかかわっている。つまり寺々は単にわたしと無関係に不在なのではなく、寺々がかつて破壊されたという事実にわたしは深く関与している。寺々を焼いたのはまさにこのわたしの延長である、という考えに行き着くのである。

〈アナザー〉が、ここにはかかわっている。寺を焼いたのはわたしの〈アナザー〉なのではなかったか。

わたしは単なる観察者ではなく、それ以前にすでに破壊者なのであった。わたしがいま見ているものは、すでに過去に〈アナザー＝わたし〉によってずたずたに引き裂かれてしまったものであった。

これは妄想であろうか。

破壊された寺ばかりではない。

わたしは幼い頃、動物狂いであり、韓くにとは虎・豹・大山猫・狼・赤狼など猛獣の宝庫として劇しい憧憬の地であった。初めて韓くににやって来たとき、わたしはこの国の山河に魅了された。単なる風光の麗しさではなく、まさにこの深林に、この渓流に、あの勁《つよ》くしなやかな獣たちが奔《はし》り、叫び、憩っていたことを想って戦慄したのである。

しかし、それらの獣たちはすでに絶滅していたのだった。

原因はさまざまであるが、併合植民地時代の日本人による乱獲（「害獣駆除」という大義名分があったとはいえ）も大きな理由のひとつである。獣たちの滅びに、わたしもまたなんらかのかたちで関与していたのである。

これもわたしの〈アナザー〉の仕業だったのだろうか。

それればかりではない。

わたしは朱子学者たちの〈理〉が好きだ。彼らが〈理〉に懸ける使命感のすさまじさは、驚くべきものであった。それが最高潮に達すると、朝鮮末期にはほとんど唯理論に近い思想へと収斂されて行き、強烈な攘夷論である衛正斥邪《えいせいせきじゃ》思想の中心となった。この理想主義的傾向は、その後、抗日義士たちに受け継がれて行くのである。〈理〉の内容は異なるが、絶対的理想に自己を同化させて命を捨てる姿勢は変わらず、切羽つまった感動を与える。

そして彼らの敵はつねに日本であり日本人であったのだ。彼らの理想を挫折させ首を切ったのは、まぎれもなく日本人たちであった。

それをしたのもまた、わたしの〈アナザー〉だというのか。

……このほかにも、わたしが韓くにに到達できぬ事例はいくらでもある。

いずれにせよわたしは韓くにを知れば知るほど、韓くにに到達しようとしても決して到達できない。到達しようともがき、進めば進むほど、それが不可能であることを知る。そのような人間になったのである。

おそらくわたしの〈アナザー〉という考えは、あまりにも〈日本〉という〈国家〉に囚われすぎているのかもしれない。一体、何百年も前の日本人が行なったことに、いまのわたしが、日本人だからという理由ひとつで〈関与〉しなくてはならないとは、単なる妄想ではないのか。

しかし韓くにと韓くにことばにかかわるとき、わたしは何者かによって、〈国家〉に囚えられてしまうのだ。おそらくは〈アナザー〉もこの何者かによってつくり出された、さまよえる孤独な霊魂のような、幻覚なのか。知らぬ。

＊

この本でわたしは、韓くにと韓くにことばの美しさを語って来た。しかし実は、わたしが「韓くには美しい」と言挙げした瞬間に、韓くには穢れてしまうのだった。そのことをずっとわたしは、意識している。韓くにの穢れの裏に、わたしはいる。

いつの日からか、そのように、考えるようになった。

それは〈罪〉の意識だ。わたしが韓くにに到達できないのは、おそらくは〈罪〉の意識が介在しているからなのだ。そしてわたしが韓くにに〈かかわる〉ときにわたしを圧倒するエロティシズムは、この〈罪〉の意識から発出しているのだ。

〈罪〉の意識。

しかしながらこれは、日本と韓くにの歴史における具体的なさまざまな出来事について政治的に解釈された、〈罪〉の意識なのではない。

むしろ韓くににかかわるということ。かかわってしまったということ。かかわらざるをえないということ。……そういうことに発する、〈罪〉だ。

〈アナザー〉がわたしに投げつけているのは、具体的な石のみなのではない。〈石〉とは何か。それを〈投げる〉とはそもそもどういうことなのか。投げた石が相手に〈ぶつかる〉とはどういうことなのか……ということでもある。

それゆえそれは、日韓の過去史に関しての政治的な〈謝罪〉とは、性質の異なることだ。

むしろ謝罪できること、すなわち到達できることを無条件に前提としているひとびとがいるのなら、その考えを、わたしは理解しがたい。

さらにそもそも、謝罪をすれば相手に到達できるというものでも、なかろう。

到達不可能性に目を閉じたまま、いたずらに謝罪のことばを述べ、あるいはうわべの交流を続けたところで一体、なにになるのだろう。

＊

この本は、単なる「外国語の初歩」についての本なのに、どうしてわたしはいま、かくもわずらわしい話をしているのだろう。

ハングルの文字のかたちにも、韓くにの食べ物の味にも、木にも空気にも山猫にも花にもわたしは実は、到達することはできない。

かかわることはできるが、到達できない。

そんなことがなぜ、「外国語はじめの一歩」の本に関係あるのだろうか。

それは、次の理由からである。

決して到達できないということ。この感覚なくして、どうして外国語を学び、日本語を使うことができよう。自己や他者に接することができよう。……そうだ、わたしが語りたいのは、この一点だったのだ。

韓くにことばとかかわるということは、ねじれるということだ。

そして〈ねじれ〉はわたしの、影踏みである。

わたしのすべてをねじって、わたしの影を踏む、そのようなことなのだ。

それゆえに、歩きに歩いて、巡り巡って、わたしはわたしの影に到達しようともがいている。

もがいているのみで、決して到達できぬ。

獲物に遭遇できぬまま疎林を彷徨する最後の狼のように、わたしは孤高にさまよい続けるのみ。

さすれば韓くにことばをめぐるわたしの十数年の旅もまだ、〈はじめの一歩〉の周辺の、永いぐるぐるまわりにすぎないのである。

II

第六章

韓くにのこころ

エロティシズムとしての韓国

あれ、諏訪さん！

向こうから白いテニスウェアの諏訪さんが歩いてくるのでわたしは懐かしくなり、思わず「諏訪さん！」と声をかけた。

だが諏訪さんは怪訝そうにわたしの顔にまなざしを送っただけで、なにも返事せずに通りすぎてしまった。

わたしはなにか変な感じを受けたのだが、その「感じ」の実体をまだよくは知らなかった。

しばらく行くと、今度は黒いスーツ姿の中塚が歩いてくるので、わたしは「おい、中塚！　久しぶり」と声をかけた。わたしと中塚とは会社の入社が同期だったのである。

ところが中塚はわたしを無視したまま、足早に駅のほうへ消えてしまった。

不思議なこともあるものだ。わたしは腑に落ちなかったが、さして気にとめようとはしないつもりだったらしい。

ふと見ると本屋があったのではいってみた。なに気なく一冊の本を手にとってみると、それは高校の数学の参考書だった。なんでまたそんなものを手にとってみたのか。よくはわからなかったがとにかくパラパラめくってみることにした。するとわたしが高校時代に苦しめられた微分の問題がそのまま載っていた。わたしはなにか嫌な気分になり、参考書を閉じることにした。

そのかたわらに雑誌があったので手にとってみた。ページをめくっていくと、見覚えのある広告が載っていた。ある育毛促進剤の広告だった。それはわたしがつくったものだった。わたしは少し前まで、広告会社で広告をつくっていたのだった。

しかし、どこかおかしい感じがしないでもなかった。待てよ、この広告をつくったのはたしか、もう三年も前だったのだが。どうしていま、雑誌に載ってるのだ？

訝《いぶか》しく思って広告をよく見てみると、わたしの書いたコピーが変な顔をしているではないか。なにか変な記号のようなものに文字化けしている。読めない。たしか、そこには「髪は誰にも似合います」とかなんとかいうコピーが書いてあるはずなのに。なんだか○や□や棒でできた記号がそこに書かれてあるではないか。

そのとき初めて、わたしは思い出したのだった。そうだ、ここは韓国だ。わたしは日本をやめて韓国で暮らしているのだったっけ。

ひとの顔から車の形、四季の移り変わりからことばの語順まで、日本と韓国とはあまりにも似ているので、ついつい異国に暮らしていることを忘れてしまう、そんなこともあるのだった。

同じ自分がここにいる

「似ている」ということ。これが韓国を初めて訪れたときのわたしの瞬間的な印象であった。二十七歳のときである。それまでインドに放浪の旅をしたことがあったが、インドは圧倒的な、うむをいわさぬ「異文化」だった。それは日本とはまったく異質であった。外国の中の外国という感じだった。街並み、ひとの顔、物のかたち、なにからなにまでが怒濤のように「異文化性」をわたしに主張し、強要していた。

それに比べて韓国は、あまりにも似ていた。親戚のようなひとが歩いていた。既視感が数秒ごとにわたしをとらえた。驚きを超えてそれは衝撃であった。「外国」といえば、インドのように圧倒的な異文化性を発するところだと思いこんでいたのかもしれない。

初めての韓国、夕暮れに空港からタクシーでソウル市内にはいりながら、わたしは

「インドはたしかに異国だった。だがここ韓国は、異星だ」と思った。その考えはあまりにも強くわたしをとらえて放さなかった。

日本と違う国。それが外国だ。でもこんなに似てる国が、外国だなんて。それはありえないことだった。ここは外国なのではない。異次元の宇宙空間にぽっかり浮かんだ異星なのだ。ここには「もうひとりの自分」がいて、市場で自転車の部品かなにかを売って暮らしているに違いない。わたしの親もいるし、妹もいるだろう。皆、日本と同じ顔をして、しかしことばは通じず、互いにまったく知らないまま、別々の星で暮らしているのだろう。

わたしは韓国で、夜、水たまりに星が映っていると、「あ、日本」と思うようになった。

「異文化」のあいまいさ

しかしながら実をいうと、日本と韓国が「全的に似ている」と強烈に思ったのは、初めての韓国行きのとき、空港からソウル市内までのタクシーの中だけだったのだ。ソウル市内に着いて街をうろついてみると、ここは日本とはやはり違っていた。いや、むしろだんだん「違う」部分がより多く目につきはじめたのだった。

だが最初の一瞬の印象というものは恐ろしいものである。その後韓国に暮らしながら、日本と韓国について「似てる」「似てない」「似てる」「似てない」といろんな面をしつこく考察しながらも、最初の印象、「韓国は日本と酷似した異星である。そこにはもうひとりの自分がいる」という認識からはなかなか脱出できなかったのである。そもそも「同じ」か「違う」か、というのは、数式や論理学の命題のように明晰に判断できる場合を除いては、そして特に「文化」というきわめてあいまいな領域に関しては、概して主観的で恣意的な判断になりやすい。

それをできるだけ客観化して分析するのが学問であるが、学問の領域では最近、「自文化」と「異文化」の間の境界設定にまつわる問いが鋭く発せられている。それらは併合植民地支配と被支配、西洋と東洋、国家と民族、などというさまざまなレベルにおいて深められている問いであるが、そこに共通しているのは、要するに「異文化」と「自文化」の境界は実はあいまいで、政治などさまざまな権力によって強引に設定されているものが多いということである。

そもそも「異文化」とわれわれがいうとき、それは「自文化」とは異なるもの、という意味であるが、小学生でも気づくのは、この「自文化」というのは「自文化でないもの」つまり「異文化」によって規定されているということだ。だから「異文化」

も「自文化」も、本当はわれわれが日常的に意識するようには自明ではないし、その間の境界を設定するという作業は、つねになんらかの権力行為にならざるをえないのである。それはなにを「自文化」とし「異文化」とするかという、アイデンティティと他者性に関する特権的定義を下す地位に立つということなのである。

エロティシズムとしての韓国

わたしにとって韓国は「異文化」なのか。これは実にあいまいな問いである。だが、少なくとも韓国に何年も住めば、キムチはわたしにとって「自文化」に近くなり、むしろ日本の奈良漬けのほうがずっと「異文化」っぽくなってくるのだ。おそらくことばの最も単純な意味で「異文化がおもしろい」というのは、このような「異質で未知なるもの」と出会い、それとつきあってゆく上でだんだんと「自文化」化してゆく、その過程のおもしろさをいうのであろう。

だがわたしの場合は、韓国と出会った最初の一瞬から、「ここは日本に酷似した異星だ」と思ってしまっていた。いまさら後戻りしてふつうの「異文化体験」をたのしむわけにもいかなかった。

その後わたしは長い年月をかけて、韓国の「異星性」を考察しつづけた。そして到達したのが、「エロティシズムとしての韓国」という考えであった。

エロティシズムに関しては、バタイユが卓抜な考察をしていて、彼によれば、自然を否定して人間化する、その「禁止」という行為によってエロティシズムは現象する。しかし人間化し世俗化した世界において、その禁止を否定することすなわち「侵犯」という行ないによってこそ、聖なるエロティシズムは現象する、という。

わたしの場合はこれとは異なり、エロティシズムを「絶対的到達不可能性」と定義する。

韓国のさまざまなものやことに接する。しかし、わたしは決してそれらに到達することができないのだ。

たとえば韓国の道を歩く。自分の足で道を踏みしめ、前へ、歩く。しかしどうしてもわたしの足は、道に到達していないような気がするのだ。またたとえば韓国の食堂にはいってなにかを食べる。しかしわたしはその食べ物に、到達していない気がする。米粒はわたしの喉の中にはいるが、ついにわたしはその米粒に到達していないような気がする。

到達しようともがくのだが、どうしても届かない。ここにこそ、エロティシズムが宿るのである。

そしてそれは痛みを伴う官能であった。韓国のもの・こと、なべて文化は、わたしに痛かった。わたしの体に痛かったのだ。

境界のあいまいさ

なぜ、わたしは韓国のもの・ことに到達できないのだろう。一体、日本のもの・ことにはなぜ到達できるというのだろう。

「韓国の文化は痛い」というが、それでは日本の文化はどうなのか。その痛さは「異質性」から来ているというのであれば、どう考えても、わたしにとってキムチよりも奈良漬けが、「カムサハムニダ」よりも「おおきに」が、より異質で疎遠で痛いはずだ。「日本のもの＝ナショナルなもの」という意味ではたしかに、奈良漬けやべったら漬けはわたしと「国籍」が同じなので「自文化」といえるだろう。しかしそのような境界設定は、もしかすると恣意的あるいは政治的なものかもしれない。もし日本がいまでも朝鮮半島を併合植民地にしていたのなら、朝鮮半島のものも日本の「国籍」を持つものとなるから、わたしの「自文化」だということになる。もし朝鮮半島のかわりに日本が（かつてのドイツのように）東西に分断されていたら、奈良漬けは東京生まれのわたしとは「国籍」が違う文化となるので、立派な「異文化」として存在するのであろう。

「日本」と「韓国」のあいだに設定された境界は、そのようにあいまいなものであるにもかかわらず、それでもあえて「韓国の文化は痛い」というのはなぜか。

ここに介在してくるのが、「歴史」だったのである。

わたし・日本・朝鮮半島

わたしは日本人である。どのような歴史の偶然によっていま、わたしが日本国籍を持って暮らしているのかを詮索すればきりがないが、少なくとも江戸時代にまでは遡ってわたしの先祖がこの日本列島の本州に暮らしていたことはたしかである(本当はそんなことは大して意味がないのだが)。とすると、近代以降の日本と朝鮮半島との関係において、わたしおよびその祖先は完全に「日本側」にいたことになる(本当はこのことも大きな意味はないのだが)。つまり、少なくとも日本が近代以降に朝鮮半島に対して行なったさまざまなことについて、わたしは日本人の一員として向き合わなければなるまい。

「向き合う」というのは、特に「日帝」の「蛮行」に対して罪悪感を持ったり謝罪したり……ということではとりあえずはない。それは「歴史認識」の問題であって、政治もからんでくるしもっと複雑な問題である。ここで「向き合う」というのは、とにかくわたしと朝鮮半島との関係に「日本」というものが介在してきたときに、わたしはどう考えても「朝鮮半島」ではなく「日本」の側に組み込まれざるをえない、ということを認めること、このことである。

それはあたりまえのことかもしれない。しかし、実はそんなにあたりまえではない。たとえば、いろいろな歴史的・政治的な問題にからんで、日本の知識人の一部が、あたかも自分だけは「日本人」という桎梏から解放されているかのように、韓国人と同じ立場に立って日本を批判・攻撃するという光景を、われわれはよく見る。

それは「日本人であること」の重みをいまだ充分に知らないひとの所作なのであろうが、逆にかつて日本が朝鮮半島に対して行なったことをすっかり忘れて夜郎自大的になっているひとも、われわれはよく見る。このひとたちもまた、自分が「日本に組み込まれていること」の歴史的重み（具体的な歴史認識の次元の問題でなく、「日本人」を生きる上でのごく基本的な責務）を知らないひとたちなのであろう。

朱子学のエロティシズム

このようにわたしと朝鮮半島の間に境界を引くのは、歴史である。わたしはなにも

「歴史還元主義」を唱えてなんでもかんでも歴史の文脈で語ろうなどという野心を抱えているのではない。ただ、わたしと朝鮮半島の間に歴史がある以上、わたしと朝鮮半島との間には境界があり、この境界のためにわたしは韓国のもの・ことに容易に到達できない、わたしはときに拒絶されてある、それゆえエロティシズムの対象だ、ということなのである。

その上で、わたしは「異文化」としての韓国に向き合う。「異文化」としての韓国もまた、わたしにとっては到達不可能なもの、すなわちエロティシズムの対象であるものが数多い。

それは無数にあるのだが、一例だけ挙げよう。わたしの専門は「韓国哲学」だ。このことばにわたしは、「韓国の哲学を研究すること」という意味と「韓国を、日韓のわたしと韓国の関係を、哲学すること」という意味のふたつを含ませている。このうちの前者において、わたしは朝鮮の儒教、具体的には朱子学を研究している。朱子学はゴリゴリの保守反動の学問、という評価が近代化の時期にはなされていたが、とてもそんなものではない。むしろ朱子学は、朝鮮社会を徹底的に変革するための「革新の学問」として数百年も機能したのであった。

さて、朝鮮の朱子学は、その論理的厳密さ、精緻さという点で東アジアで異彩を放っている。これは明らかに「異文化」である。この「異文化」に向かうとき、わたしは目がくらむかのようだ。どうして朝鮮士大夫たちはあのように精緻な議論を延々と続けたのであろうか。それは絶対に到達できないコスモスに向かっての、絶望的なまでの知的行進である。なぜ到達できないかというと、そもそも朱子の体系自体が、壮大で精緻ではあるが完璧ではないからであり、それにもかかわらず朝鮮士大夫は朱子の体系をひたすら完璧なものと思慕したからである。

そしてエロティシズムはここにこそ、つまり完璧に美しい体系への憧憬に宿るのだし、またそのように憧憬する士大夫をわたしが思慕する、という関係にも宿るのだ。

さて、以上のように、韓国という「異文化」を対象としたわたしの探求は、エロティシズムという概念を軸に展開される。

日本と朝鮮半島は、「似ている」という意味で互いに特殊な「異文化」だ。おそらく朝鮮半島のおもしろさのひとつは、そこにあるのだろう。似ているがゆえに、日本とまったく異なる文化との比較からでは見えないことが、韓国との比較から魔法のように浮かび上がってくることもある。

あっと驚くようなことも、もしかしたら、起こるかもしれない。

男子の美

アルタイの美と士大夫の美

韓くにには、男子がいる。りりしき青竹のごとく、大地に真直ぐに立ちつくし、中天に突き刺さるかのようだ。大和の国にて滅多に見ることのできなくなった、凛乎たるますらおが、この国にはいくらでもいる。

ところで男子がいるということは、男子の美学があるということだ。この美学は、いかなる淵源によって形づくられているのであろうか。

ひとつには、騎馬民族のたけきこころがある。アルタイの草原風をつんざきつんざき、千里万里を馬に騎《の》り走破して、半島にたどり着いた勇者の裔《すえ》が、かつてここに国家をつくりあげたであろう。彼らの美は、もののぐをしとねとし、死して厭わざる、『中庸』にいわゆる「北方の強」である。新羅の少年貴族戦闘集団・花郎《ファラン》こそは、北方男子の美学の流れを継いだ極致であった。花郎は、十五、六歳の上級貴族から選ばれた紅顔の少年戦士。多くの青少年戦士たちを統率し、儒教・仏教・道教の三教を修めて新羅の山河で心身を鍛えた。その道は「風流道」といわれる。

もうひとつの源流は、儒教の「士」に求められるであろう。理想の人間像たる聖人・君子となるべく修己して已《や》まぬのが、士大夫であった。「北方の強」でも「南方の強」でもない、「中庸の強」を具現する。

ところでこの「士」は、いまや滅びたであろうか。否。近代の栄えとともに、士をめぐる可否の談論は混乱を極めたけれど、士はいまだ滅びず、脈々とこの地に生きている。

韓くにの男子美は、このふたつの滔々たる巨流がないまぜになり、無数の相貌を見せつつ、形づくられている。

もののふの美と、大丈夫の美とが、反発しつつも不思議に融合している。身分的には武や士でない者も、そして女性にも、その理想と行動には、武と士の深い影響が刻まれているのである。

あるいは、このふたつの像の反転として、美が権現する場合もある。裏街に出没する狼藉者や婆裟羅《ばさら》たちは、もののふの美からも、大丈夫の美からも排除された者たちである。彼らはやんちゃなストリートキッズとして、ラップを歌い、チュム（踊り）を踊って暮らしている。

しかし彼らのふるまいを単なる無秩序と見てはならない。彼らの狼藉や喧騒には、男子の美学への限りなきあこがれ（ハン）が宿っているのを、見逃してはならない。踊って歌う男性グループが世界的にも大人気だが、それもアルタイの美と士大夫の美をともに体現しているからにほかならない。

愛と緊張

儒教的伝統における男子が好んで使う語は多いが、「浩然之気《こうぜんのき》」はその筆頭に挙げられうるであろう。それはなにか。「言《かた》り難し。その気たるや、至《きわ》めて大、至めて剛にして直く、養いて害《そこな》うことなければ天地の間に塞《み》つ」と孟子はいっている。自己のうちに満つる「浩然之気」を養えば、宇宙全体に満つるというのである。ここに「不動心」が立ち、「千万人といえども吾往かむ」という大気概が確立する。

このように、韓くにの儒教的男子が持つ世界観の根本には、宇宙と自己の一体感がある。これを実現するのが豪傑である。

豪傑はまた、仁の体現者である。仁は、万物が一体であるとのしるしであるから。

ところが、この仁こそは、「親しい者に親しむ」という儒教の根本概念でもある。ここに大衝突が起きる。宇宙全体との一体感という「普遍」と、家族・堂内・門中・宗門などと呼ばれる血族に優先的に親しむという「特殊」とが、峻《けわ》しく対立するのだ。特殊のみを強調すれば、家族利己主義や宗族利己主義に容易に陥ってしまうであろう。

儒者はこの対立を、親しい者に対する愛情を「拡大」させて、親しくない者、さらには万物にまで愛情を及ぼすことによって解決しようとする。無差別平等に万人を愛するのは墨家のやからであって、儒家は決してこれを容認しないのだ。

だから一家・一族の長としての男子は、大きくいって三重の使命を帯びることになる。一家・一族への愛と、国家への愛と、宇宙への愛を同時に成立させること。これは至難のわざである。この重い使命に堪えるところに、男子の魅力が結ばれる。

たとえば朝鮮王朝末期の大学者である丁茶山《チヨンタサン》（一七六二―一八三六）などは、永い流謫《るたく》生活においても三つの使命の緊張を偉大に生き切った男、といえるであろう。極限状況にありながら決して肉親への愛情を後回しにせぬところに、そして肉親を想いつつ国家や宇宙への愛に決して傷をつけぬところに、男子の困難は存する。

よく日本人は、韓国人が会社の任務よりも家族の用事を大切にするといって批判するけれど、そのような批判は伝統的な韓国人や中国人にとって、なんらの力も持たない。西欧近代の価値観はむしろ、偏狭で人為的なものにすぎず、「公」の領域を無理にせばめることになる、と士たちはいうであろう。自己、家族、一族、国家、宇宙へと自然に愛を同時に拡大してゆくところに、至大なる「公」が出現するわけだ。だからいま、韓国人がつくりあげつつある企業とか資本主義とか社会などという概念は、西欧近代のそれとは大きく異なるものになるであろう。

それをたすけるのが、情報化である。コンピュータこそは、いくえにもひろがった愛の重層を一気に統合しうる最強の武器である、と韓国では位置づけられている。愛、つまり仁とは、ネットワークだから。網の目のような宇宙神経を、自己の拡大によって感化させてゆくことだから。

わたしは情報化時代における新しい仁の体現者を、「電脳士大夫」と呼ぶ。「士」は韓くにのことばで「ソンビ」だから、「電脳士大夫」は「サイバー・ソンビ」だ。これこそが、新しい時代における新しい仁愛の体現者なのである。

理想と抵抗

韓くにの男子がたたかう姿を目撃し、その明晰なる美に驚いたことがあるであろうか？

たたかう範疇はなんでもかまわぬ。拳闘でもマラソンでも勉強でも、なんでもよい。きわめて硬質なすじがね、といったものが、彼らのまなざしとふるまいとに宿っているのを、見たであろうか？

たたかいといさかいとを分かつものは、公的なる理想の有無である。男子の行動が、ある巨《おお》いなる理想への使命感へと昇華されるとき、彼の顔は韓くに的に荘厳される。

理想のレヴェルは多様である。われわれは、そのもっとも苛烈な例のひとつを、儒者の「衛正斥邪《えいせいせきじゃ》」に見る。朝鮮王朝末期、西洋と日本の邪なる勢力に抵抗し、儒教の正なる理想社会を防衛するために彼らはたたかい、壮絶に死んだ。大儒・崔益鉉《チェイクヒョン》（一八三三―一九〇六）は排日義兵を起こしたが対馬《つしま》に囚われの身となる。そこで彼は、「怨讐《おんしゅう》の飯をいかで食えるか」と断食死した。

士の抵抗は、しかし、古さを衛《まも》るだけではない。むしろ士大夫とは、画期的な革新政治の担い手なのであった。その革新性ゆえに、士林（革新士大夫のグループ）は大々的な弾圧を受けたのだった。

十八世紀の李徳懋《イドンム》（一七四一―九三）が、士の守るべきこころとおこないとをしるした『士小節《サソジョル》』にて、儒者の鑑として「趙静庵《チョジョンアム》の明直さ、李退渓《イテゲ》の沈謹さ、李栗谷《イユルゴク》の詳和さ、趙重峰《チョジュンボン》の勤確さ」を挙げているが、彼らはすべて、当代の最強なるニューウェーブなのであった。変革者には挫折がともなう。王朝時代の綺羅星《きらぼし》のようなニューウェーブたちは、次々と倒れ、隕《お》ちていった。死を賜わり流謫されたのである。李徳懋自身、王朝末期の革新グループである「北学派《プッカクパ》」に属していたが、中国の文物を採り容れて富国しようという彼らの主張はみごとに粉砕された。

革新士大夫がみずからの理想を実現させる道は、疏《そ》（王へ上げる意見文）を上奏することであった。朱子の剛毅なる精神を受け継いだ朝鮮士大夫たちの上奏文は、悲壮で劇烈であった。批判し攻撃すべき対象を徹底的に叩き、理想政治を行なわぬ王を声高にただした。「言の瀆冒《とくぼう》に渉《わた》る、是れ恐れ是れ懼《おそ》るるも、臣、死する罪して謹言す」。北学派のうち最も尖鋭だった朴斉家《パクチェガ》（一七五〇―？）が王に奏した文の末尾である。死罪を冒して王をただすのは儒者の伝統。そして玉砕するのである。「有志者、必ずしも有力者にあらず。有力者、必ずしも有時者にあらず」。朴斉家はこう慨嘆した。

儒者とか道徳などというものを、年寄りの古くさい概念と考えては決してならない。士にとって、道徳こそは、腐った現実を叩きつぶす、青春の武器なのである。彼らの道徳は日本人の考えるような、老人とか保守などとは無縁であることを銘記せよ。道徳こそは革新であり青春である。このことをゆめゆめ忘れてはならない。

民草の抵抗もまた、炸裂する道徳パワーであった。たとえば東学の抵抗は、士大夫の理想よりもさらに水平的な社会への理想によって貫かれていた。この大丈夫の英雄主義は、一九六〇年以降、大学生たちによって継承された。八〇年代の学生たちが好んで歌った歌に、金敏基《キムミンギ》の『朝露《アチミスル》』がある。

太陽は墓地の上にあかあかと昇り　真午《まひる》の劇しい暑さはわたしの試練なのだ
わたしはいまゆく　あのあらぶる広野へ　悲しみをすべて捨て　わたしはいま
ゆくのだ

この歌がほとんど崇められるようにして男女の学生に歌われたのは、そこに壮絶な大丈夫の気概が宿っていたからだ。

大丈夫は男子のみの特権では全くない。三・一独立運動でたたかい、ついに獄死した柳寛順《ユグアンスン》（一九〇四―二〇）のように、あまたの女子もまた、大丈夫なのであった。

刹那と永遠

厳格なる自己節制。五倫を守り切ること。倹素で正直な生活。動作や言語の威厳。朋友との義理がたい交遊。些少なものごとに関心を持たず、心を広大にすること。流行など、身分の低い者がすることに関心を持たぬこと。

……これらは、韓くにの士と日本の士との共通点だ。ひとことでいえば、「克己」。李徳懋《イドンム》の『士小節《サソジョル》』も山本常朝《じょうちょう》の『葉隠』も、これらの点ではまったく同じことを説いている。

ところが、同じ「士」という語を使いながら、韓くにの「ソンビ」と日本の「さむらい」とは、いくつかの点で決定的に異なる。

まずソンビとは、勉強するひとである。読書し修己して道徳を身につけ、君子にならむとするひとである。ところが『葉隠』によれば、武士とは、死ぬひとである。朝夕に死を想い死を決心してつねに死ぬ身になっているひとである。

それゆえ時間のとらえ方が違う。ソンビは、蓄積主義である。たゆみない勉強（格物窮理）によってジリジリ、ジリジリと君子に近づく。そしてあるとき豁然《かつぜん》と貫通するのである。これに較べ、『葉隠』の武士は刹那主義だ。いまという瞬間を一心不乱に、必死に生きよ（生きるは死ぬと同義）、と教える。これは、日本仏教の影響を多分に受けているせいでもある。

『士小節』は、理性と思慮、その中庸をソンビの資質として重視する。『葉隠』は、知識・思慮・思索・学問などすべての理性的活動を敵対視し、かわって「狂う」ことを説く。「思慮すれば他人より(死に)遅れる」というのだ。

守るべき徳目に関しても、『士小節』が最も重要視するのは当然「孝」である。「ほかのことで悪名を受けるのは可能だが、不孝によって悪名を受けることはできぬ」という。『葉隠』は、当然「忠」を説く。「家門などはもともと主君のものだから、惜しんではならぬ」という。

武士は自己の生の一回性を、そのすべてを、主君のため刹那刹那に懸ける。ソンビは自己の生の一回性を、仁によって宇宙と一体化させ、先祖と子孫という永遠の連鎖の中に保存しようとする。

もちろん、『葉隠』のみによって日本武士を代表させることはできないだろう。それは、田舎の一武士が現実の堕落を嘆いて「あるべき武士」の姿を復古的・理想的・極限的に描いたものにすぎない。実際のさむらいおよび「さむらい理論」は、もっと多様であった。しかし、ここに「さむらいエトス」の原型があるのも事実だ。

同様に、『士小節』も「ひとつの」ソンビ像にすぎない。実際の士大夫は、破滅を厭わず理想に向かって驀進した者も多かった。彼らは長袖者流《ちょうしゅうしゃりゅう》の軟弱なる「南方の強」を打ち捨て、たけき「北方の強」をも体現した。

そこには、新羅の花郎《ファラン》が生き切った「風流」の道が、はるか千年の星霜を経て宿っているのを見る。風流道こそは、「北方の強」を基調とした「中庸の強」である。「国仙」と呼ばれた花郎は、刹那刹那に青春の美と力とをすべて投じてたたかい、死につつ、同時に若くかがやかしい仙人として永生するのである。

永生への願望は、たたかいの国家を十代で担う超エリートとしての彼らの、重き使命の裏返しであった。「永遠なる刹那」は陰に陽にこの国の男子性を荘厳しつづけ、歴史の節目節目に、赫奕《かくやく》たる巨大な花火のごとく噴出する。

男らしさの陰影

「男くさい」という匂いを日本ではほとんど嗅ぐことができなくなった。体育会系の部活動などのところに行けば別だが、それ以外にはそんな匂いはない。若いのも加齢したのも自分を脱臭するのに一生懸命な社会である。

韓国も実は最近だいぶ薄くはなってしまったのだが、でもやはり日本よりは「男くささ」が濃く残っている。わたしが初めて韓国に行った一九八〇年代には、ディスコでチークタイムに男どうしがしっかりと抱き合って互いに相手の肩に顔を埋めて踊っていたものだ。ぎょっとする光景である。六畳くらいの部屋に男四人で暮らしていた下宿では、一時間もすると部屋中が男くさくなってたまらなかった。みんな理想に燃えた大学生だったから、男くささと青くささが混じって妙に浪漫的でせつない感じの匂いなのだった。夜の屋台では男たちが酒をがぶ飲みして騒いでいた。大声で喧嘩する奴らもいれば「かあさん、かあさん」と泣いている奴もいた。

そう、本当の「男くささ」を醸し出すには、男たちがただいかつくて威張っているだけでは駄目なのだ。むしろめめしかったり涙もろかったりしなければならない。「かあさん、かあさん」と公衆の面前で叫んでみたり、悲しい運命にさめざめと泣くということがあっての男らしさなのである。

かつて男らしかった日本の兵隊や、いま世界で最も男っぽい感じのするイスラーム圏の男たちも、その凛々しくもあり精悍でもある顔からは想像できないほど母親にはめっぽう弱く「かあさん、かあさん」といって泣くし、涙もろいのである。よく韓流ファンの方から「韓国の男性ってなんであんなによく泣くんですか」と質問されるが、男が男らしい社会では、そもそも男は涙もろいものなのである。「男は泣いてはいけない」などという考えが浸透するのは、「男らしさ」の価値が崩壊したあとの社会でのことである。

学問的には「ホモソーシャル」な社会、ということばを使うが、要するに、男どうしの強いきずながよいこととされている社会と、軍隊や家父長的な家族や男性中心的な共同体とは似たものどうしなのである。そういう社会では母親や妻や姉や妹などという女性の役割がしっかりと決まっていて、男はその中で明確な役割を演じている。妹（血のつながりのない年下の女性も含む）にはひたすらやさしく、姉（血のつながりのない年上の女性も含む）には絶妙な感じで甘え、母親を絶対化して尊敬し、大切にし、甘える。マザコンとは違って、それこそが男らしい姿なのである。女性の側ももちろんそういう男の態度とこころを全面的に認めている。

しかしこのような安定的な男の立場は、韓国でも九〇年代以降、急速に変化していった。父親の権威はどんどん落ちていったし、夫もまったく家事をしなくても済むという時代ではなくなった。母親の立場はあいかわらず強いが、母親に甘える男性を「マザコン」と認識する女性も増えてきたので、かつてのようにひとまえで無頓着に母親といちゃつく男性は少なくなってきているように感じる。日本のように「男らしさ」という概念自体が完全に悪いものとして認識されるにはいたっていないが、それでもかつてのような確固たる世界観は崩壊しつつある。

ある確固たる価値が崩壊しつつあるときに生まれる小説や映画やドラマほどおもしろいものはなく、それが韓流の魅力の源泉になっている。韓国の俳優たちの不安そうなまなざし、境界を越えるときのおののき、さまざまな二重性が醸し出す陰影、そういうものが、わたしは好きである。

自殺

伝統的にいえば、韓国人の自殺には衝動型と道徳型がある。

前者の典型的な例は、朝鮮・大同江《テドンガン》での出来事として漢代の民謡に歌われ、後に唐の詩人・李賀が次のように詠んだものだ。「あなた、あなたってば。魚も黍《きび》も濁り酒もあるのよ。それなのに、どうして髪ふり乱して河にはいるの」（「箜篌引《くごのいん》」大意）。だれも意味がわからない。ただただ現世のしがらみを断ち切らんと男は河に突っ走るのだ。

後者の最も有名な例は、沈清《シムチョン》の物語だ。彼女の父親は目が見えない。沈清が海に身を投げて犠牲になれば父の目が見えるようになると信じ、彼女は入水するのである（ただし龍王に救われるのだが）。

前者の自殺は不可解であり、後者は親孝行の道徳的行為である。

俳優パク・ヨンハの自殺には、右のどちらもが映しこまれている。日本でのツアーも酣《たけなわ》で、新しいドラマの撮影にも入ろうというとき、つまり魚も黍も濁り酒もあるのに、どうしてそれらをふり切って河に飛び込もうとするのか。残された家族やファンは、「哭《こく》して嗚嗚《おお》」(李賀)たるしかないではないか。だが他方でヨンハは最後の晩、末期癌の父親の体をさすりながら、「僕が苦しまなくてはならないのに、ごめんね」と語ったという。まるで沈清ではないか。

しかし、沈清の物語は実は儒教的にいえば禁忌破りである。儒教では、子が親よりも先に(特に未婚で)死ねば不孝とされ、祭祀の体系から排除される。まして自殺においてをや。沈清の物語はその禁忌を回避するため、入水したが命をとりとめ、後にその孝行によって幸せな王妃となるというストーリーをつくりあげた。だがヨンハを含めて現実の自殺者は、決して生き返らないのだ。

そのとき、残されたひとはなにを考えるか。

ふたつの道がある。その自殺を「個人の問題」と考えるか、あるいは「社会の問題」と考えるか、だ。パク・ヨンハが自殺して約二週間経った(本稿を書いているのは二〇一〇年七月)。自殺の理由らしきものに関して、見解は出つくしただろう。父親の病気、ビジネスのストレス、韓国での出演作品の不振、ネット上での中傷、信頼するひとの背信など。しかし韓国人と話してみると、これらをもって彼の自殺を「社会の問題」に「格上げ」することは不可能なようだ。二〇〇八年に女優のチェ・ジンシルが自殺したときは、ネットでの中傷が原因ではないかと大きな「社会の問題」になり、ネット規制をめぐって国会で与野党が正面衝突したほどだ。しかし今回は違う。パク・ヨンハの死を「社会の問題」にできないのなら、「個人の問題」として悼み、記憶できるのか。しかし韓国人は、単に個人的な自殺にはさしたる関心はないようだ。いくら理由があろうとも、親を残して死ぬのは惰弱な逃避だという。それで、話は終わりである。救われない。

それではどんな自殺になら関心があるのか。たとえば学費が払えずに高校生が自殺した。その死は社会に警告を発したわけだから意味のある自殺だ、と韓国人はいう。かつて日本の侵略者に抵抗するために自ら命を落とした者や、苛酷な労働現場や民主化運動の中で焼身自殺した者たちへの高い評価と、同じ発想である。「社会的」ないし「国家的」だから意味があるのだ。

もちろんそれら「尊い自死」の意味は深いだろう。しかし、個人的な自死に意味はないのか。単なる「親不孝な逃避」で終わってよいのか。日本人だったら、自死したひとがたとえ赤の他人でも、そのひとの苦しみを思い、そこにある種の美学を読み取って、むしろその死を「社会化」しないことを望むかもしれない。

ここにこそ、ともにOECD（経済協力開発機構）加盟国中最悪レベルの自殺率でありながら、両国とも自殺にまともに向き合えない理由がある。つまり日本人はともすると自殺を個人の美学に還元し、社会の問題として考えることを忌避する傾向がある。逆に韓国人は、社会的な問題として重要でないかぎり、赤の他人の個人的自殺に特別な意味付与をしている暇などないのである。

韓くにの匂いと死

西暦が二〇〇〇年に変わった瞬間、わたしはこの世に椿事が起こらなかったことにこころから安堵した。それほどわたしは堕落してしまっていた。なぜか。わたしには家族がいるからである。家族を断乎、守らねばならぬからである。昭和の終わりは無論こうではなかった。わたしは昭和の終わる何年も前から、酒を飲めばこれが昭和最後の酒と思い、雨が降ればこれが昭和最後の雨と思って戦慄したものだ。ひとりみであった。こわいものはなにもなかったと申してよい。昭和のいまに終わるやもしれぬという極度の緊張に堪ええず、わたしは昭和の日本を脱出し、韓くにに住んだ。日本では死ねそうにもなかった。きらびやかではあったがそこでは、エロスが欠如していたのである。八〇年代の韓くにには、死の影が濃厚に宿っていた。生と死の坩堝《るつぼ》であった。ここで死のうとわたしは思わぬでもなかった。

しかしこの国に暮らしていてわかったことがひとつあった。韓くにで死ぬということ。それは、乾いた大地の土の匂いに抱かれて死ぬということなのだった。たとえば韓くにの食べ物は、獣の匂いがした。しかしその匂いの源をたどると、それは結局、土の匂いなのであった。

牛や犬などの獣を、ほとんど捨てる部位もなくぐつぐつと煮込んだ汁。ひとの汗でぼろぼろになった千ウォン札。温突《オンドル》部屋。風。へっつい。ひとの肌。ことば。電気製品。自動車。花模様。文字のかたち。……これらすべてから、土の匂いがした。「この半島は大陸の沙漠の果て」と韓くにのひとが話していた。

それに対し、日本で死ぬということは、すがすがしい木の香りに包まれて死ぬことであると、気づいた。

無論、これはわたしの極私的なイメージ、一種の幻想にすぎぬ。偏見かもしれぬ。韓くににも木は多いし、緑なす丘の美しさは格別だ。

しかし韓くにではなぜか、木の香りは強い土の匂いに負け、吹き飛ばされてしまうのだった。

韓くにの夜。しんしんと更けるにしたがい、土の匂いがひたひたと濃くなる。それにくらべ日本の夜は、電飾輝やく都街でさえ、みずみずしい木の香りがしたものである。

この幻想ないし偏見を、嗤《わら》わば嗤え。ある国を、あるイメージに封じ込めて恋《こ》いする。そんなことも、そのイメージの政治性を糾弾されて破砕される時代が来ているのかもしれぬ。

……韓くにで死ぬ、といえば、わたしはまた、獣を想起する。

かつて韓くにでは、獣に食われるひとが実に多くいたらしい。

自動車の出る前は、獣に食われることこそが不慮の凶《まが》ごとであったに違いない。この「思いがけない凶ごと」を韓くにことばで「タル」といい、これが日本語の「とら＝虎」の語源ではないかという説があるのだ。

虎の匂い。豹の匂い。狼の匂い。

韓くにの風光には、たしかに、それがあった。

韓くにの山河を越えれば、そこには肉を食う獣たちの残り香があるのだ（現在、韓くにはこれらの猛獣はいないか、あるいは確認されていない。絶滅したろう）。

草叢《くさむら》やしげみ、谷のあわいに、かつて朝鮮虎・朝鮮豹・大山猫・朝鮮狼・赤狼……そういう絢爛たる肉食獣が潜んでいたのだ。昂奮が苦しいほどにこみあげ、わたしは景色をまぶしいように崇拝する。あるいは嫉妬する。

こういう景色に包まれて生きるというのは、どういう感覚なのだろう。同じひとつの大地に、虎や豹や狼とともに生きるというのは。虎や豹や狼の踏んだ土を踏み、虎や豹や狼が水を飲んだ川で体を洗い、虎や豹や狼に自分が頭からばりばりと食われてしまうというのは。

それこそは、目も眩む豪奢な世界に違いないのだった。

霊が社会をつくる――『哭声』

韓国の悪霊ものの映画が好きなのでわたしはかなり見ているのだが、そのなかで『哭《コク》声《ソン》』はまぎれもなく最高級の作品である。哲学的で、夢幻的で、現実的だ。世阿弥の複式夢幻能における最高の境地と同じところにまで達していると思う。韓国映画はついにここまで来たか、という思いに涙すら出た。

この映画はなにを語ろうとしているのか。鍵となるのは無論、悪霊（韓くにことばでは鬼神）である。韓国社会を語るうえで霊のことを抜くことはできない。韓国的霊性に対する理解なくして、この国のことを語ることはできないのである。霊性を知らずして韓国をわかったようなふりをするから、わたしたちはいつも韓国を誤解してしまう。

韓国は霊の社会である。善い霊もいれば悪い霊もいる。なぜ韓国は日本と違ってキリスト教信者があれほど多いのか。シャーマニズムだってものすごい生命力を持って社会的に機能している。韓国的霊性の根源には、恐怖心があるのだと思う。自分と家族と国家の生命が、いつもだれかに脅かされているという、途方もない恐怖心がある。韓国で絶大な人気がある巨大な教会に行けば、そこで牧師たちが説教している内容は徹底的に二元論的な、神と悪魔の死闘の様相なのだ。

この作品に限らず、韓国の映画やドラマにもっとも頻繁に出てくるセリフは、「おまえはなに者だ？」「おまえは一体だれなんだ？」というひとことである。国民みんなが、いつも他者に対して、恐怖心を抱いている。それは霊的な意味での恐怖心である。「おまえは、こころのなかでなにを考えている？　裏切り者か？　こっち側の人間か？　善き霊に魂を捧げているのか、それとも悪しき霊に魂を売ったのか？」という問いを二十四時間抱きながら暮らしている。

その結果、どうなるか。ひとや社会を、「霊的な目で見る」ようになるのである。その意味で、この映画の冒頭に引用された新約聖書のことばは暗示的だ。「おまえはわたしを霊だというが、ほんとうにそうなのか」という問いである。霊的なまなざしというのは、別のことばでいえば、多重主体的なまなざしということができる。韓国社会だけでなく、おそらくあらゆる社会というものを構成しているのは、西洋近代的なアイデンティティを持った「主体」ではない。かぎりなく一個性を主張するアトム的な自己ではない。自己というものは、自分が主人なのではなくて、無数の他者たちの主体性がスパゲティの束のようになって形成されている「なにか」なのである。だから、恐怖に支配された他者の主体性が自己のなかにたくさん混入してくると、「客観的」な判断や「理性的」な考えというものはどこか遠くのほうに行ってしまう。

映画のなかに、日本語では「祈禱師」と訳されているシャーマンが出てくる。シャーマンは基本的には、天の世界と地上の世界を媒介したり、あの世にいる近しいひと（祖先など）の声をこの世に伝える役割をするメディアなのだが、韓国社会でのもうひとつの大きな役割は、いわゆる悪魔祓いである。

シャーマンは圧倒的な圧力をもって、悪魔祓いの依頼者にうむをいわさず「わたしのことを無条件に信じよ」という。悪魔を祓うためには、いろいろな考えを許容してはならず、こころを完全にひとつにしなくてはならないのである。「こころをひとつにする」ということへの強迫観念的な信仰が韓くにはある。この信仰が強いために、自分の目でまさに見たこと、自分の耳でまさに聞いたことが、これでもか、これでもかと否定され、捨て去られる。映画の登場人物が、「わたしがなにものか、わたしの口でいくらいったところで、おまえの考えは変わらない。おまえはいまもわたしが悪魔だと思い……」と語るシーンがあるが、象徴的なセリフといえるだろう。

この「幻想の悪魔退治の認識」を社会はつねに強化しなくてはならないので、ファクトやエビデンスのかけらもない単なる噂や、恐怖心にかられた他者排除の力が極度に増幅し、暴力的になる。そして結局、いま自分が生きている世界は現実なのか夢なのかがわからなくなってくる。ひとびとはこのあいまいさを打倒するために、霊的な全能者による全身全霊の悪魔祓いの儀式に身を任せる。そのとき、「もっとよく現実を見なさい。あなたがたは幻を見ている」という者が現われても、ひとびとは怖くてもはやものごとを直視することはできない。霊的な力に身を委ねたほうが、恐怖から少しでも遠ざかることができるからである。

これは韓国社会だけのできごとではもちろんなく、人間という存在が社会というものをつくったときから変わらぬ、本質的なことなのである。なぜなら人間というのは、西洋近代がいうような理性的で自律的な存在ではないからである。自己のなかには無数の他者の主体性がはいりこんでいるからなのである。

その意味でこの作品は、人間と社会との関係をきわめて哲学的に問うた傑作といえると思う。

白と黒の「ハン」

韓国の映画やドラマをたのしむ際のキイワードがいくつかあるのだけれど、そのうち最も重要なものをひとつ挙げろといわれれば、やっぱり「ハン」だろう。なにしろ韓国人は、「われわれはハンの民族」と昔はしょっちゅういっていたのだ。「ハン」は、漢字では「恨」と書く。「恨」という漢字の韓くにことば読みが、「ハン」というわけだ。

「恨」というからには「うらみ」の感情なのだが、日本語の「うらみ」とは違うところも多い。だからおもしろい。

どこが違うのかといえば、この「ハン」には、はっきりと二種類の感情が別々に存在しているのである。つまりパンにおいしいパンとまずいパンがあるように、「ハン」にも「白いハン」と「黒いハン」がある。このことを喝破《かっぱ》したのは、韓国の有名な国語学者である金烈圭《キムヨルギュ》教授だ（『韓国再発見』朝日新聞社）。

「白いハン」とはなにか。金烈圭教授によれば、これは「ある怨みがこころに重なって自分が傷ついた場合、それを絶対に第三者に移さないようにする」ハンである。これに対して「黒いハン」とは、怨みを残して死んだ漂浪魂が、関係のない第三者にまで怨みを移すというような現象に現れる。要するに、内側に積もる内向的な「白いハン」と、外側に発散する攻撃的な「黒いハン」があるということだ。

「白いハン」は、日本語の「うらみ」とはだいぶ違う感情だ。「うらみ」は敵や仇などの相手に対して抱くものだが、「白いハン」は自己の中で醸《かも》すものである。また「うらみ」は「晴らす」ものであるのに対し、「白いハン」は「解く」ものである。つまり日本語の「うらみ」は、自らにその感情を与えた相手に復讐することによって「晴らす＝解消する」のに対し、「白いハン」はそうではない。人生というのは、どのみちすべて自分の思い通りになるものではない。すべてのひとは、大なり小なり苦しみや挫折を抱えながら生きている。でもその苦しみや挫折を、他者のせいにしたってどうしようもないときに、それは自分の内側に積もってゆくしかない。積もって、ひもの結び目のように結ぼれる。それが、「白いハン」である。だからこの感情は、特定の相手に対する復讐によって解消されるというよりは、いつの日にか結ぼれたこころの結び目を解くことによって、解消されると考える。

これに対して「黒いハン」は、もっと暗くて残忍な感情である。自らを不幸に陥れた相手、または相手の一族に対して、手段を選ばず、復讐をする。歴史的に見れば、たとえば朝鮮王朝（一三九二―一八九七）の史書をひもとくと、そこでは、両班《ヤンバン》（特権階層）たちが劇《はげ》しい党派争いをして血で血を洗う復讐劇を数百年にわたって繰りひろげている。また特に怨恨を抱いて死んだ魂は、鬼神となって血族や関係者だけでなく第三者に対しても祟りをもたらすと考えられており、この怨霊を鎮めるためには「巫堂《ムーダン》」と呼ばれるシャーマンが特別な歌舞の儀式をしなくてはならない。だから伝統的に韓くにはたくさんのシャーマンがおり、その数は現代になっても一向に減らない。

かつてもいまも、韓国は「ハン」の渦巻く社会である。というのは、朝鮮半島は地政学的にいって、外部からの圧迫と攻撃につねにさらされていた地域だし、またその社会の内部も、圧政と差別と暴力によって彩られるしくみになっていたからである。ただし韓くには伝統的に儒教社会であり、この儒教は性善説を信奉している。「ハン」のうち「白いハン」は、この性善説によって基礎づけられる。どんなひとでも善性＝道徳性を百％持っていて、それを努力して磨いて発揮しさえすれば、社会的に上昇できると考える思想である。ところが現実には、人間はそれぞれにさまざまな問題を抱えていて、そのために上昇できずに挫折する。挫折したときの無念の気持ちは人類共通のものであろうが、韓国のような性善説による上昇志向の社会では、原理的にはすべてのひとが上昇可能だと信じられているがゆえに、現実的な挫折に対する無念の気持ちは、ひときわ強いものとなる。つまり原理的には自分も自らが理想とする場所、あこがれの位置に立つことができるが、現実的には挫折してそのような場所に立つことができない無念・悲しみの情、それこそが「白いハン」なのである。

これに対して「黒いハン」は、性善説とは無関係だ。相手を滅ぼそうというひたすら恨めしい炎のかたまりとなって、復讐する。

韓国の映画やドラマを見るときは、登場人物が白と黒のどちらの「ハン」を抱いているのか、それを見極めることが大切だ。映画『親切なクムジャさん』の主人公クムジャさんが、黒い銃を持っているときと、白いケーキを持っているときとで、まったく異なるふたつのこころを現わしているように。

第七章

韓くにの文学

永生する朝鮮詩神のたましい

ときに静かに、ときに劇しく、詩人たちはつぶやき、語り、うめく。

モダン・コリアと伝統朝鮮のはざまで、祖国と日本のはざまで、独裁と自由のはざまで、たましいをちぎりにちぎってことばをつむいだ詩人たちのことばは、生き生きと受け継がれてゆくのだ。

それらの詩人たちのことばは、荘厳《しょうごん》されて、いつまでも韓くにびとたちに記憶される。

誰もが知っていて、朗誦することができる。そんな詩はすでに、民族のたましいそのものに昇華している。

韓くにでは、耳を澄ませてみるのが、よい。

ちぎれた詩人の声が、天の下に響く。ことだまは、ほこらかに恥じらい、とことわに謳う。

永生する朝鮮詩神のたましいとして、特に強いオーラを発しているのが、夭折する詩人たちである。

中でも、李箱《イサン》（一九一〇―三七）と尹東柱《ユンドンジュ》（一九一七―四五）こそは、全く性格を異にするふたつの若く巨きな詩星である。自虐をこととしモダンを脱しようと逃走し続け、裂け切った李箱。純粋なる少年性を澄ましに澄ませて透明に消えた尹東柱。彼らの肉体は去ったが、美しくちぎれたたましいはいまなお、劇しい星の炎のように燃え生きている。

＊

まずは李箱。

本名は、金海卿《キムヘギョン》。日本が韓くにを併合した年である一九一〇年に、ソウル（京城）で生まれた。曾祖父は堂上官にあたる高い官職を歴任したが、祖父が官職に就けず、その後、家筋は急速に傾く。

一族の期待を一身にになった金海卿は、普成《ポソン》学校を経て京城高等工業学校（現在のソウル大学校工科大学の前身）建築科を卒業し、一九二九年に朝鮮総督府建築課に就職する。この前後から彼は、その血統性によって自らの芸術性を抑圧する本名を捨て、建築現場で日本人人夫が彼を誤って「李さん」と呼んだことから、「李箱＝イサン」という筆名を使うようになったという。同時に極度に人為的で難解な詩や小説を発表しはじめ、朝鮮版無頼派ともいえる芸術至上主義者たちとモダン京城を闊歩するようになる。

一九三三年には総督府を辞め、肉親から、家門から、伝統から逃げに逃げる生活に浸り、京城の中心に「つばめ」という茶房を開く。翌年、『朝鮮中央日報』に連作詩「烏瞰図《オガムド》」（「鳥瞰図」ではない）を発表。その難解さのため読者から劇烈な非難を浴びる。「つばめ」がつぶれ、「鶴」「69」「麦」などの茶房やカフェを次々に開いてはつぶす。自殺への強い願望を抱きつつ、一九三六年に自ら「二十世紀出張所」と呼んだ東京へ渡るが、この都市の軽薄さに吐き気を催す。翌一九三七年二月に「不《ふ》逞《てい》鮮人」として逮捕され、神田警察署に収監される。肺病が悪化し保釈され、東京帝大付属病院に入院するが、四月に死亡する。二十七歳だった。

彼の「烏瞰図」は連作詩だが、その中で最も有名なのは、次の「詩第一号」である。

十三人ノ児孩ガ道路ヘ疾走シマス。
（道ハ袋小路ガ適当デス）

第一ノ児孩ガコハイトイヒマス。
第二ノ児孩モコハイトイヒマス。
第三ノ児孩モコハイトイヒマス。
第四ノ児孩モコハイトイヒマス。
第五ノ児孩モコハイトイヒマス。
第六ノ児孩モコハイトイヒマス。
第七ノ児孩モコハイトイヒマス。
第八ノ児孩モコハイトイヒマス。
第九ノ児孩モコハイトイヒマス。
第十ノ児孩モコハイトイヒマス。

第十一ノ児孩ガコハイトイヒマス。
第十二ノ児孩モコハイトイヒマス。

第十三ノ児孩モコハイトイヒマス。
十三人ノ児孩ハコハイ児孩トコハガル
児孩トサウバカリ集マツタノデス。
（ホカノ事情ハナイノガムシロヨカツタデス。）

ソノ中デ一人ノ児孩ガコハイ児孩デモヨイデス。
ソノ中デ二人ノ児孩ガコハイ児孩デモヨイデス。
ソノ中デ二人ノ児孩ガコハガル児孩デモヨイデス。
ソノ中デ一人ノ児孩ガコハガル児孩デモヨイデス。

（道ハ行キ止マリデナクテモ結構デス。）
十三人ノ児孩ガ道路ヘ疾走シナクテモヨイデス。

この難解な詩に対しては一九三四年の発表当時、轟々たる非難が起こり、ついに連載は中断されたのだった。しかし解放後の韓国では、この詩は、併合植民地京城の都市的不安を最も鮮烈につむぎとった作品として高く高く評価されている。この詩に対する評論家たちの解釈は数多くあってそれぞれおもしろいが、わたしはやはり、十三人の児孩（こども）が恐怖に包まれながら袋小路に向かって疾走するというスピード感が、時代（併合植民地と戦争前夜）と空間（朝鮮・京城）を超えてすべての不安を表現しているような気がして好きなのだ。しかも詩の最後では、「（道ハ行キ止マリデナクテモ結構デス。）十三人ノ児孩ガ道路へ疾走シナクテモヨイデス」と、詩の設定そのものを自ら崩している。時代そのものの不安と、その不安の根源を表現することばの不安定をそのままほうり出している。

李箱は詩人であったばかりではない。小説家でもあり画家でもあった。詩の連載が挫折したあとにはほかの小説家の連載小説の挿し絵も描いた。鮮展（朝鮮美術展覧会）に出展して入選した「自画像」は、デカダンな李箱の揺れる風貌を揺れるがままに描いて吸い込まれる。

「剝製になつてしまつた天才」をご存じですか。

わたしは愉快です。

こんなとき恋愛まで愉快です。

肉身がゆらゆらするほど疲労したときのみ、精神が銀貨のやうに清いのです。ニコチンがわたしの蛔虫だらけの腹の中に染みこめば、頭の中にきまつて白紙が準備されるといふわけです。その上にわたしはキットとパラドクスを碁の布石のやうに配置するのです。憎むべき常識のやまひです。

そなた自身を偽造するのも、やりがひのあることです。そなたの作品は一度も見たことのない既製品によつてむしろ軽便で高邁となるでせう。

十九世紀はできるなら封鎖してしまひなさい。

「翼」(一九三六)という有名な短編小説の冒頭だ。こんなことばを紡ぎつつ李箱という男は、二十世紀のめくるめくようなモダン京城の電飾街を疾駆したのだった。

さて、もうひとりの夭折の詩人は、尹東柱だ。

彼は満州の間島《カンド》に生まれた。一族は尹東柱の曾祖父の代に北間島《プッカンド》に移住したのだった。尹東柱の母の兄は有名な独立運動家・教育家で、この土地に学校をつくり、民族教育を行なった。尹東柱もそうした教育を受けた後、一九三八年には京城に出て延禧《ヨニ》専門学校（現在の延世大学校）文科に入学する（英文学専攻）。

彼もまた李箱と同じくバガボンド（放浪者）であったが、その資質はまったく李箱とは異なっていた。学校付近の自然を愛し、散歩を好んだ。朝鮮と世界の文学に没頭し、自ら静かな思索を通して詩をひとつひとつ大切に育んでゆく。寡黙でいつも端正な姿を崩さず、そして優しい微笑で友人たちを温かく包んだという。

一九四一年十二月に延禧専門学校を卒業、このとき詩稿集『天空と風と星と詩』をたずさえていた。十九篇の詩からなるこの詩集を、卒業記念に限定版として出版しようとしたが果たさず、三部を自筆して先生と友人に一部ずつ贈る。このうち友人に贈った詩稿を友人の母が守り通し、詩集は詩人の死後、一九四八年に出版されるのである。

一九四二年に日本に渡り、立教大学英文科に入学する。秋には同志社大学英文科に編入するが、翌年七月、親戚の京大生・宋夢奎《ソンモンギュ》とともに突然、思想犯として逮捕される。翌年「独立運動」の罪で二年の刑をいい渡され、福岡刑務所にて服役中、一九四五年二月、獄中で謎の死を遂げる。二十八歳だった。

死ぬる日まで天をあふぎ
一点の恥づかしさもなきことを、
木の葉に起こる風にも
ぼくはこころわづらつた

第二章で紹介した、有名な「序詩《ソシ》」という作品だ（部分）。韓国のひとなら誰でも暗誦できる詩である。

一点の曇りもない透明性。ほぼ同時代の京城に生きながら、李箱とは全く異なる感性をつむいでいる。「一点の恥づかしさもなき」生を切に希《ねが》った詩人であった。

彼は「たやすく書かれた詩」（一九四二）で、自分の筆から詩がたやすく書かれることは恥ずかしいことだと考えた。

詩人とはかなしき天命であると知りつつも
一行、詩を書いてみようか、
汗のにほひと愛のにほひがあたたかく染みた
送つていただいた学費封筒を受け取り

大学ノォトをたばさみ
老いた教授の講義を聴きに行く。
思へば幼いころの友を
ひとり、ふたり、すつかりうしなつてしまひ
わたしはなにを希ひ
わたしはただ、ひとり沈澱するのだらうか？
人生は生きるのがむづかしいといふのに
詩がこんなにたやすく書かれるのは
恥づかしいことだ。
六畳部屋は他者の国
窓の外に夜雨がひそめくのに、
ともしびを明るくして暗闇を少し追ひやり、
時代のやうに来る朝を待つ最後のわたし、
わたしはわたしに小さな手をさしだし
涙と慰安で握る最初の握手。

尹東柱の「恥ずかしさ」を「民族」と関連づけて語る評者は多い。たとえば「星を数へる夜」(一九四一)の次のような詩語のように。

ぼくはなにかしら恋しく
このたくさんの星の光りの降る丘の上に
ぼくの名前の字を書いてみて、
土でおほつてしまひました。
さうです、夜を明かして鳴く虫は
恥づかしい名前を悲しむためです。
けれど冬が過ぎぼくの星にも春が来れば
墓の上に青き芝のよみがへるごとく
ぼくの名前の字が埋まつた丘の上にも
矜りのやうに草が繁ることでせう。

さて、それでは最後に、李箱と尹東柱ふたりが「自分」をテーマに書いた詩を掲げてみる。どちらが李箱で、どちらが尹東柱か、おわかりになるだろうか。……すぐ、おわかりになるはずである。

「自画像」

山のすそ道をまはつて田の端の離れ井をたづねては
じいつとのぞきこんでみます。

井の中には月が明るく雲が流れ天空が開け
真青な風が吹いて秋があります。

そしてひとりの男がをります。
なぜだかその男がにくくてその場を去ります。

帰つて思へばその男がかはいさうになります。
ひきかへしてのぞきこんでみると
男はそのままをります。

もういちどその男がにくくなつて、帰り去ります。
帰つて思へばその男がこひしくなります。

井の中には月が明るく雲が流れ天空が開け
真青な風が吹いて秋があり、
追憶のやうに男がをります。

「鏡」

鏡の中には音がないです
あんなにまでしづかな世の中はほんたうにないでせう
鏡の中でもわたしには耳があります
わたしのことばを聴き取れないあはれな耳がふたつもあります
鏡の中のわたしはぎつちよです
わたしの握手を受けることのできない……握手を知らないぎつちよです

鏡のせゐでわたしは鏡の鏡の中のわたしをさはつてみることができないのですが
鏡でなかつたとしてもわたしがどうして鏡の中のわたしに会つてみでもしたでせうか
わたしはいま鏡を持ちませんが鏡の中にはいつも鏡の中のわたしがをります
よくは知らぬがさびしき事業に没頭することでせう
鏡の中のわたしはほんたうにわたしとは反対でありますが
またかなり似てもをります
わたしは鏡の中のわたしを心配し診察できないのでたいへんさびしいです

あわいとしての韓くにことば

叫びと亀裂

わたしの耳にはいつも、なにかの音声が聞こえているようだ。「ようだ」というのは、聞こえているようでもあり、だが聴こうとして聴くと聞こえていないようでもあるから。

その音声は、ごくごく小さな音量なのだが、なにか悲鳴のように聞こえる。なにか訴えているように聞こえる。なにかこちらを責めているように聞こえる。なにをいっているのか、その意味はよくわからないのだが、ただ単に意味を伝達しようとしているのではなく、なにかが生きているという事態をこちらに承認させようとしているように思える。

真夏の蟬の声をうるさいと思うか、風流と思うか、それとも叫びだと思うかによって、ひと夏の過ごし方は違うだろう。うるさいと思えば夏は耐えがたい季節となるが、風流と思えば夏は蟬の声によって文化的に涼しく感じられる。しかし叫びと思えば、夏は実存となるのだ。

蟬の声をうるさいと思えばわたしと夏は分離されるが、風流と思えばわたしと夏は溶融できる。しかし叫びと思えば、わたしと夏は闘争するのである。そしてその闘争を通して、わたしは時間を生きることになる。蟬や夏と時間を共有することになる。いや、共有という静態的なことばで表わすのは不適切であろう。蟬や夏と時間をいわば「闘有」することになるのだ。たたかうことによってともに生きるということである。

わたしにとって韓くにことばとは、叫びである。このことはあきらかであるように思える。叫びといっても、声量の多寡のことをいっているのではない。ごくごく小さな声でささやき、つぶやく声もまた、わたしにとっては叫びなのである。

人生のある時点から以後、わたしの周囲にはつねに韓くにことばがつきまとうようになった。韓国に八年間暮らしていたときは、文字通りわたしのまわりは韓くにことばの叫びだらけであった。それらは、この社会をどうすればよいのか、この痛みをどうしてくれようか、だれも自分の叫びを聞かないならもっと大きく叫ぶ、と叫んでいた。混沌の中ですべての音声が反響しているような社会であった。日本に帰ってきてからも、わたしのまわりには韓くにことばがつねに反響していた。そのことの意味を考えることがすなわち、わたしが学問をすることであったといえよう。それらの無数の叫びは、わたしの日常につねに無数の亀裂をもたらしてくれる。この亀裂とはなにか、と考えることが、わたしの生である。わたしの生はだから亀裂によってもたらされているのであり、したがって亀裂こそ生の源泉なのである。

尹東柱という問い

そのことを考えるうえで大切なひとをひとり、わたしは持っている。それはこのエッセイ集にすでにたびたび出てきている尹東柱という詩人である。

尹東柱は韓国人なら誰でもが知っている「国民詩人」である。その清潔な道徳感性と、身もだえするようなことばの初々しさ、音楽的といってもよい詩語の響きとによって、韓国人のこころをふるわせる詩人だ。その詩集『天空と風と星と詩』は韓国では永遠のベストセラーである。日本語にも複数の翻訳があるので、日本にも尹東柱ファンは多い。代表的な例は、詩人の茨木のり子が書いた「尹東柱」というエッセイであろう。『ハングルへの旅』(朝日新聞社)という、韓国文化の魅力を上質な日本語で語った本が茨木にはあるが、その中に収められた文章である。ここで茨木は、夭折した詩人・尹東柱へのオマージュを表明している。そしてこのエッセイは、『新編　現代文』（筑摩書房）という高校の教科書に収録されたので、話題になった（教科書収録時のタイトルは「空と風と星と詩」）。隣国である韓くにの詩人に関するエッセイが高校の教科書に採りあげられたから話題になる、というのはかなり変な話だが、日本というのはそういう国なのである。

わたしも尹東柱が好きなので、彼のことは自分の文章の中で何度も書いてきたし、また彼に関して講演などで話すことも何度かあった。

しかしそのたびに、強い違和感を持たざるをえなかった。特に韓国人を前にして話すとき、その違和感は増幅する。

尹東柱は日本が朝鮮を併合植民地統治している時期に、現在の中国東北部で生まれた朝鮮人である。一九一七年九月に間島《カンド》省延吉《ヨンギル》県新明東村《シンミヨンドン》（現在の中国吉林省延辺朝鮮族自治州）で生まれ、一九四五年三月に福岡刑務所で死んだ。満二十七歳であった。

つまり、尹東柱はいちども韓国人であったことはないのである。大韓民国が誕生したのは一九四八年八月であるから、その前に死んだ尹東柱が大韓民国の国民であったことはいちどもない。尹東柱は韓国人ではなく、朝鮮人《チョソンサラム》なのである。

それなのに、韓国では、尹東柱を韓国人だと思いこみすぎているきらいがある。もちろん、朝鮮王朝のできごとも高麗時代のひとも「韓国のできごと、韓国のひと」ということができるので、その意味では尹東柱も韓国人であるとはいえる。しかし、大韓民国のアイデンティティや本質に合致しない部分を切り離した尹東柱像のみを許容するという態度で、彼を本質化するのであるなら、それは間違いではないのか。

二〇一二年六月に京都の宇治で開かれた「詩人尹東柱の想いを今につなぐつどい」で、わたしは、わたしのゼミで研究をしている中国朝鮮族の留学生三名に、尹東柱の詩を朗読してもらった。男子学生一名、女子学生二名だった。なぜ中国朝鮮族の学生に朗読してもらいたかったかというと、彼ら彼女らと尹東柱のことばに強い親近性があったからである。朝鮮族の使うことばは中国東北部の朝鮮語であり、尹東柱が使ったことばも、同じであった。尹東柱は言語的にいっても、韓国人ではなく、朝鮮人であったのだ。

「序詩」の最終行に出てくる有名な「スチウンダ」という動詞は、現代の韓国語の辞書には出ていないことばである。その意味に関してもいくつもの解釈がある。「序詩」の日本語翻訳の中には、「超訳」といえるほど意表をついたものもある。しかし中国朝鮮族の学生に聞くと、自分たちはこのことばを日常的に使用しているし、ごくふつうのことばだという。

尹東柱の詩を朝鮮族の学生が朗読したことを、主催者の紺谷延子さん（詩人尹東柱記念碑建立委員会事務局長）も喜んでくれた。ややくぐもったような控え目な印象を与える朝鮮族の若者の音声は、会場となった教会の天井にしずかにしっとりと響いた。それは別の場所で別のときに韓国人が朗読した、オペラのように朗々として一点の「恥」もくもりもない、明晰そのものの声とは完全に異なった種類の声だった。

朗読した学生のひとりは、日本に留学してきた当初、わたしに次のようなことをしきりに語った。一九九〇年代以降に韓国人が延辺《ヨンビョン》など朝鮮族の居住地に観光や仕事などで大勢やって来るようになった後、朝鮮族の朝鮮語に大きな変化が起きた。言語の序列化が生じたのだ。ソウルの韓国語こそが正統で真正な韓国語であり、朝鮮族の使う「方言」は、真正でない言語として韓国人に規定されてしまった。韓国からやって来た大学教授は、朝鮮族の朝鮮語を蔑視し、あなたたちの発音や文法は「間違っている」といって矯正しようとした。朝鮮族の側もまた、韓流ドラマやK-POPに憧れて自ら朝鮮語ではなくソウルの韓国語を話すように努力するようになった。そのほうが垢抜けて都会的で恰好いいのだ。またあるいは逆に韓国人に反撥して、むしろ自分のアイデンティティを朝鮮—韓国ではなく中国に求めようとし、朝鮮語を習得しようとしない朝鮮族の若者も増えている。自分はコリアンだが、中国人であるかぎり韓国人よりも序列が上である、という意識を持ちたいのだ。

韓くにことばをめぐって、朝鮮族と韓国人のこのような複雑なせめぎあいがある。それらのことをすべて踏まえた上で、わたしとしては尹東柱の詩を朝鮮族の若者に朗読してもらいたかったのだ。なぜなら尹東柱自身もまた、一九三八年に間島の龍井《リョンジョン》から京城（いまのソウル）にやってきたとき、その「方言」を気にして寡黙さを貫いた若者だったからである。

「正答」から「あわい」へ

尹東柱のもっとも人口に膾炙した詩である「序詩」の解釈についてわたしは、『〈いのち〉は死なない』（春秋社）という本に書いた。拙訳は、第二章に挙げたとおりである（七八頁）。

この詩のもっとも核心的な部分は無論、最終行にあるのだが、そこに到達するまでのふたつの伏線も重要である。ひとつは「木の葉に起こる風にも／ぼくはこころわづらつた」であり、これは万物がはかなく、うつろいやすく、ヴァルネラブルであることをうたっている。しかし次の「星をうたふこころで／なべて死にゆくものを愛さなくては。」ということばにおける「星」とは、永遠に変わらず輝くもの、硬質で堅固なものを指している。そのような永遠性・不変性・不動性に自己を同一化させ、すべてのモータルなものを愛さなくては、といっているのである。そして最終行では、そのように不動で不変で永遠であると思われる星もまた、ひとひらの木の葉と同じように実は揺動しつつ風に吹かれて滅びゆくものなのだ、といっているのである。

この「木の葉」「風」「星」などということばに対するわたしなりの哲学的解釈に関しては前掲拙著を参照していただきたいのだが、講演会や講義などでこのような解釈をほどこすとき、その場にいる韓国人が往々にして強い不快感を表すということに何度も出会った。そのようなひとたちは、「ここでいう星というのは、韓国人という民族を指しているのだ。どんな風にも揺らぐことなく耐え、抵抗する確固たる民族の魂を、尹東柱はうたっているのだ。日本によってずたずたにされてしまったが、決してこわれることのない民族のことば、こころ、生というものを、星ということばに託してうたったのだ」という。たしかにそのような解釈が成り立つであろう。いや、そのような解釈こそ、尹東柱のいいたいことにもっとも近いものだったかもしれない。

しかし問題は、別のところにある。つまり、右のような韓国人の解釈がこの「序詩」に対する大韓民国的な「正答」であると威圧的かつ声高に主張されるとき、われわれはつねにこころして、その「正答」に抗してゆかねばならないということである。なぜなら先に述べたように、尹東柱は大韓民国の国民であったことはいちどもない。ということは、国家保安法という法の存在をその中核に置くような国家における「正答」と、尹東柱とのあいだには、距離が、いや、乖離があるということである。別のことばでいえば、詩の解釈に際してまで民族という概念を拠り所にして「正答」を他者に強要し、その「正答」からはずれるような思考を「不道徳的」として排除しようとするような地平と、尹東柱とは、決定的に異次元なのである。それは日本の治安維持法によって検挙され、最後には福岡刑務所で死亡するにいたった朝鮮の若い詩人の魂を、二重に殺すことになるにちがいない。

尹東柱をどう解釈するかは、自由の領域の問題なのである。何者かが「道徳的な正答」という暴力的な概念をふりまわして、それ以外の解釈や思考を威圧したり排除してはならない。韓国の若者に「序詩」のことを尋ねてみると、その多くが、「これは民族の抵抗をうたった詩である」と答える。そもそも学校の国語の時間にそのように教えられているので、ほかの解釈は半ば排除されてしまうわけだ。これは、尹東柱という詩人の意味を、歪めてしまうことに通じるのではないだろうか。

尹東柱は「なに人《じん》」なのか。二〇一二年十一月に宇治で催された「詩人尹東柱の想いを今につなぐつどい」のパネルディスカッションでは、そのことが話題になった。彼は大韓民国の国民ではなかった。中国で生まれ、満州国で育ち、併合植民地朝鮮と日本で学び、日本風の名（平沼東柱）を持った朝鮮人であった。彼をひとことでいえば「朝鮮人《チヨソンサラム》」であろう、というのが、会場のみなさんとパネラーの間で成り立った認識であった。わたしも同感である。しかしこの「朝鮮《チヨソン》」というのは、閉鎖的なことばではない。東アジアという時空間において、ある特定のイデオロギーや国家の主権などによって限界づけられない、その複雑な関係性のあわいに立ち現われる、いわば「たましひ」としての朝鮮《チヨソン》なのである。だからわたしはこの意味での「朝鮮《チヨソン》」は、「東アジア」と同義と考えてもよいと思う。それは、治安維持法や国家保安法や北朝鮮イデオロギーなどという、国家による自由の抑圧から逸脱した亀裂の場所に立ち現われる、「不在の現前」としての「朝鮮《チヨソン》」「東アジア」なのである。

詩人であること

このことは、尹東柱という若者が詩人であった、ということにも強く関わっている。尹東柱は詩人であった、ということを、わたしは強調しておきたい。なぜなら尹東柱という若者の悲劇は、実は、彼が詩を書き続けたいと思いながらその生を奪われてしまったことにだけあるのではなく、彼が詩を書くひとであったということを後世のひとびとがよく理解していないところにもあるからだ。

というのは、彼はつねに、「民族的抵抗の詩人」「悲劇の詩人」「純粋な抒情の詩人」などというように存在を限定させられて呼ばれてしまってきたからである。あらゆるひとは無論、そのようにカテゴライズされ形容詞を付与されて認識されるであろう。しかし尹東柱の場合には、その限定のされ方が著しすぎるように、わたしには思える。これは、夭折しただけでなくその容貌が端正であったことにも起因している。わたしもまた、講演などで思わず「端正な」とか「純粋な」とか「けがれのない」というような陳腐なことばで彼を形容してしまい、忸怩たる思いをひとり抱えてしまうことがある。これは尹東柱に対する一種の冒瀆なのだが、そのようなことばで彼を表現したくなる欲望に抗することは、実は容易ではない。それほど彼の詩語は「純粋」であり、彼のまなざしは「けがれがない」のである。

しかし尹東柱は詩人であり、しかも完成された詩人であった。もし彼が日本の官憲に逮捕されず、解放後も生き延びたらどんなにすばらしい詩を残しただろうか、と想像することは、尹東柱という完成された詩人に対する冒瀆なのである。しかし彼のあまりにかわいそうな境遇は、そのような同情を禁じることを困難にする。つまり、彼は未完成であった、詩人としての完成の途上にあった、彼の詩は純粋だが未熟であった、その彼の成熟を停止させてしまった日本の責任は重い、という認識をどうしても持ちたくなってしまうのである。

その結果、尹東柱は、韓国でもっとも愛されている詩人でありながら、その詩の解釈においてどこか「同情的」なレベルを逸脱しえていないのである。これこそが、尹東柱をめぐる悲劇の別の側面である。

それは、日本における尹東柱評価においても同じである。いや、日本人の中でも主に、加害者としての立場を強く自覚するひとびとが尹東柱を高く評価してきたという歴史を考えるなら、むしろ韓国よりも日本での評価のほうが、「同情」というバイアスによって侵食されてしまっているといってもよい。

ものごとの本質を実にみごとにえぐり出すことのできる茨木のり子でさえ、尹東柱を語るときは筆が甘くなってしまっている、というところに、そのことは端的に表れている。先に挙げた彼女の「尹東柱」という文章は、この詩人を日本の一般のひとびとに紹介するという意味で大きな役割を果たした。高校三年生用の教科書にも収録されたことは、さらに大きな社会的意味を持った。また文章自体も、抑制された筆致でこの詩人のたたずまいを描いており、さすがである。しかし、わたしにはよくわかるのだが、茨木のり子はこの文章において、意識的にか無意識的にか、自己を抑制し、本気で対象に立ち向かうという彼女らしい気概をほんの少しだけ、欠損させてしまっているのである。それは尹東柱を表現する次のようなことばに如実に表れている。「若さや純潔をそのまま凍結してしまったような清らかさ」「ひらけば常に水仙のようないい匂いが薫り立つ」「実に清潔な美青年」「凜々しい青年」「大学生らしい知的な雰囲気」「汚れ一点だに留めていない若い顔」「尹東柱の深い孤独」……。

これらは、完成された詩人としての尹東柱に対して充分な敬意をこめられたことばとはいえない。やはり「未完成」「夭折」「悲劇」「同情」というバイアスの力に抗しきれていないのである。彼女は自身も詩人であるから、「純粋」で「清潔」で「知的」で「深い孤独」などという陳腐さからほんものの詩が生まれるなどとは思っていないはずだ。それなのに尹東柱に対するオマージュにおいては、どうしようもなくそれらのことばを使ってしまうのである。

それは、政治に対する詩の敗北を意味している。併合植民地支配という政治的悪によって、詩の力が従属させられてしまっていることを意味しているのである。茨木のり子のような詩人でさえ、道徳から尹東柱の詩を解放することはできなかった。

だが、われわれにはなお、目の前に尹東柱の詩がある。尹東柱の詩は不滅なのである。つまり、あらゆる政治的・道徳的な力を超えて、詩のテクストはそこにあるのである。もちろん、解放後の大韓民国式の正書法によって、彼の書いた朝鮮語そのものとは違う形に変形させられてしまってはいる。しかし、それを復元することはできるし、変形後の韓国語による詩もまた、尹東柱の詩なのである。それは日本語や英語に翻訳された彼の詩もまた、彼の詩であることと同義である。

われわれは、尹東柱の詩を目の前にして、その多様なテクストの叫びに耳を澄まし、そしてそこに現出する亀裂に身をゆだねることから始めるしかないであろう。その亀裂のあわいにこそ、尹東柱の詩は立ち現われるのである。そうであるのに、そのことばを特定の政治的・道徳的立場に本質化して吸収することは、詩への冒瀆であるだろう。

なにものかを政治的に擁護するために、尹東柱の詩や韓くにことばという言語を「利用」してはならないのである。

ニㇺは、紫の花の翳に――万海

水菊《スグク》とは、紫陽花《あじさい》の花のことである。夏の初めの水蒸気を含んでも、たわわには咲かない。日本よりもずっと乾いた風土に、水菊は小さな仔龍の涙つぶのように花を結ぶのみである。

道のわきには緑白色の水菊の叢《む》れ、上を見上げれば原色の鞠《まり》たちが山風に吹かれて踊っている。鞠と見えたのは、「仏さまのいらっしゃった日《プチョニムオシンナル》」、つまり陰暦四月八日の釈迦生誕日のお祭りに使われ、いまも参道沿いに吊されたままの提灯なのである。かたちから、すいか灯と呼ばれる。

小道を登り切れば寺に着く。寺には若い僧がいる。おだやかな顔の輪郭が水のように涼しい。僧の房にはいり、茶を一杯、ふるまわれる。茶をたてる手のうごきはやさしいけれど、実はそこに、世にも堅き意志が宿っているのを、誰が知ろうか。この地の仏教のありかたを、変えようというのである。

山のさわさわという風音を聞きながら、僧とともに万海《マネ》を語る。そう、万海こそはこの地の真の仏教改革者であった。韓龍雲《ハニヨンウン》（一八七九—一九四四、万海は号）。彼は百《ペク》潭寺《タムサ》で得度し、『朝鮮仏教維新論《チヨソンプルギヨユシルロン》』（一九一三）を書いて仏教革新運動を行ない、また抗日独立運動家として三・一独立運動（一九一九）の中心人物のひとりであった。それればかりでなく、澄明で劇しい祈りに近い詩語をつむぐ詩人でもあった。

「万海スニム（「スニム」は僧の敬称）は、われらの模範として、いまでも生きています」

若い僧は静かにそういう。

自由、独立、平等、進歩、破壊、競争、救世……。併合植民地という苦海にて万海が求め、叫んだのはこれらである。僧侶たちが山から降りて（韓くにの寺はほとんどが深い山の中にある）、街頭へ、大衆へ、現実へと参加すべきことを叫んだ。若い僧もまたいま、かつての万海と同じく、寺と街がいかに連結すべきかを模索しているのだった。

ニムは去りました。ああ、愛するわたしのニムは、ゆきました。

万海の最も有名な詩、「ニムの沈黙」の一節。

「ニム」とは一体誰か。なにか。たくさんのひとがたくさんの解釈を行なって来た。けれど、いまだにそれがなんなのかは、わからない。

日常生活で、「ニム（イム）」は愛しの君、君、主、思慕するひとなどの意で使われる。万海の詩語においては、もっとずっと抽象化され、哲学化される。

ニムは去り、沈黙する。ゆえにそれは祖国であり、民族である、と解釈するひとが多い。ニムは日本に奪われてしまったのだという。しかし、それだけではないだろう、というひともいる。万海のニムはもっとたくさんのこと……真理、絶対者、悟りなどをも複合的に意味しているのだという。

「ニム」だけがニムなのではなく、あこがれはぐくむものはみなニムだ。衆生が釈迦のニムならば、哲学はカントのニムだ。薔薇の花のニムが春雨ならば、マッチーニのニムは伊太利だ。ニムはわたしが愛するだけでなく、わたしを愛するのだ。

詩集『ニムの沈黙』におさめられた八十と八つの詩のいたるところに、ニムは変幻自在に神出する。ニムの姿は、とらえられるかのように見えて次の瞬間には遠くに逃げる。「ニムとはなにか」が、この詩集をいちどでも手にしたひとにとっての一生の公案である。

僧に別れを告げ、山道を下る。

わたしたちは出逢ふときに別れをこころにかけるのと同じく、去るときにふたたび逢ふことを信じます。

ああ、ニムは去つたけれどわたしはニムを送りませんでした。

ニムはそこにいる。遠くの丘のいただきから飛んで来て、紫陽花の花下陰《はなしたかげ》に宿る。しかし、ニムを見ようとし、ニムに語ろうとする刹那、ニムはどこかに去ってしまう。ニムは絶対者でありながら限定者である。唯一至高のものとして輝やきながら、すべてのものにあまねく充満し、ひとつひとつのものに個別的に宿っている。そのニムが去ってしまったとは、どういうことか。ニムはわたしから離れてあるのではない。わたしの一部、わたしの半身なのである。わたしの真理としての半身、それが去ってしまった。それゆえ次のように謳われる。

おまへにもニムはゐるか。ゐるなら、ニムでなくおまへの影だらう。
六月になるといつも万海を想起する。二十九日は、彼の命日である。

支配の複雑性と、根源的な抵抗――趙明熙

一九一〇年の韓国併合から一九四五年の解放までの期間を、わたしは「併合植民地期」と呼んでいる。その間の朝鮮は「併合植民地」である。この期間の朝鮮は単なる日本の植民地ではない。ヨーロッパではたとえばドイツが併合したポーランドやオーストリアを「ドイツの植民地」とはいわない。それと同じように、この時期の朝鮮を単に日本の植民地と呼ぶのは正しくない。

史実としては、日本と韓国は合併し合邦したのであり、「同じ国」になったのである。

ただし、単なる合併、併合、合邦でなかったこともたしかであり、朝鮮は日本の植民地でもあった。だから当然、ドイツとポーランド、オーストリアとの関係と同じなのではない。

そこでわたしは、「併合植民地」という新しいことばを使うことにした。

この概念を使うことによって、いままで疑問に思われていたことや、あるいは隠蔽されたり捏造されたりしてきたことが、かなり明確に解明されるのではないかと思う。

この時期に日本が朝鮮を純粋な客体として収奪や暴力的支配だけをしたというように歴史を描くのは、史実に対する冒瀆であると同時に、歴史を生きた韓くにびとに対する蔑視でもある。なぜなら、もし日本が朝鮮に対して収奪や暴力的支配だけをしたなら、なぜこの時期に「日本に抵抗しない朝鮮人」があれほどたくさん出現したのかが説明できないからだ。「日本に抵抗しない朝鮮人」は、機会主義的で民族を裏切る卑怯者だったのだろうか。もしそうならば、当時の韓くにびとの多くが多かれ少なかれ機会主義的で民族反逆的だったということになる。「正しい韓くにびと」は、抗日パルチザン活動をした金日成《キムイルソン》一派（朝鮮民主主義人民共和国の原点）や上海・重慶で臨時政府をつくった独立運動家（大韓民国の原点）だけになってしまう。だからつねに、金日成と上海臨時政府のどちらにより多くの民族正統性があるのか、という不毛な闘争を南北が展開することになる。

とはいえ、この時期、日本と朝鮮が対等な関係で「合併状態」にあったわけではもちろんまったくない。あくまでも主体性は日本にあった。朝鮮人に与えられた主体性は少なかった。

しかしそれでもやはり、それぞれの朝鮮人の主体性と客体性は一〇〇対〇ではなく、グラデーションをなしていたのである。たとえば主体性二八対客体性七二、というようにである。

人間は、単なる植民地化にはなんとか耐えられるかもしれない。屈辱と敗北感を、ほかの出口にエネルギーとして噴出させるすべを、なんらかの形で見出すものなのだ。しかし、「併合植民地化」は単なる植民地化よりもずっと苦しい。これは哲学的な苦痛でもあるのだ。つまり、支配者が被支配者に対して、「おまえは他者だ」といって支配するのではなく、「おまえとおれはほとんど同じだ」といって支配する。このとき被支配者の自己同一性は、著しく混乱する。そして実はこのとき、支配者の自己同一性も、欺瞞に満ちた混乱を経験しているのである。

現在にいたるまで、韓くにと日本のあいだで歴史的な問題がうまく解決されえない根本的な理由のひとつが、ここにある。つまり、韓くには「日本と同じだ」という経験（併合）をしつつ、実際には「日本とは違う」という経験（植民地）もした。このことの整理がいまだにできていないのだし、日本側は自己がふるったこの暴力の複雑性を忘却してしまっているのである。

趙明熙《チョミヨンヒ》と魯迅と夏目漱石。彼らが苦悩したのは、なにに対してなのか。わたしの考えでは、「支配の複雑性」からどう逃れるか、ということだったと思う。

朝鮮のプロレタリア作家である趙明熙（一八九二―一九四二？）は、併合植民地がひとびとを多重多層に抑圧していることを知っていた。だから彼の代表作「洛東江《ナクトンガン》」の主人公パク・ソンウンは、女性活動家のローザに、次のようにいった。「あなたは最下層から炸裂してくる爆弾のようでなければなりません。家庭に対し、社会に対し、同じ女性に対し、男性に対し、すべてのものに対して反抗しなくてはなりません」「あなたはまたあなた自身に対しても反抗しなければなりません」。支配は単純ではない。しかし抵抗は単純化する。敵を定めなければ抵抗できないからだ。単純化された抵抗によって、逆に抵抗者の生はずたずたに引き裂かれる。だから抵抗者は、単純な抵抗を目指してしまう自己を否定するために、自分自身にも抵抗しなくてはならないのだ。

もうひとつの抵抗の道は、すべてを脱ぎ捨てることである。文化や慣習、社会や組織など、自己にまとわりつき、自己を支配しているすべてを脱ぎ捨て、完全に裸の自己になることである。この道も、壮絶だ。魯迅が阿Qという人物によって語りたかったのは、中国の伝統に蓄積されたすべての文化と慣習を脱ぎ捨てたらどうなるか、ということだったと思う。阿Qこそ、究極の抵抗者であった。支配の複雑性を繊細に分析して抵抗するのではなく、支配の文化をまるごと投げ捨てて裸になった人間が、いかに根源的な姿を世間に露出するか、その恐怖を魯迅は描いた。これは、趙明熙が描いた極貧のひとびととつながる。極貧にこそ、支配の複雑な全体性を一挙に無化する力がある。

夏目漱石はどうしたのか。彼の文章に、併合植民地朝鮮への同情や罪責感のまなざしがないとか、あるいはそれはあるとかいう議論がかまびすしい。わたしは、漱石が考えたことは、併合植民地に対する表面的な同情や罪責感などではないといいたい。漱石の抵抗は、ただひたすら、ひとつのまるはだかの「個」となることは可能か、という実験にあったと思う。だから彼は、『行人』という作品で、「人から人へ掛け渡す橋はない」（ドイツの諺）という絶望的な、絶対的な他者との断絶という思想を提示した。漱石の「個人」の深みは、一見、支配者への抵抗を声高に語らないように見えるが、実はもっとも根源的な抵抗だったのである。

金芝河

金芝河《キムジハ》（一九四一―二〇二二）という名ほど現代韓国史の中で栄光に包まれて呼ばれたものは少ない。その栄光は現代韓国の苦難と流血という暗闇によって照射されていたがゆえに、ますます屈折的な光芒を放った。わたしも学生時代にはあの井出愚樹訳『わが魂を解き放せ』『良心宣言』『獄中から』などの暗い暗いパセティックな本を暗い店で貪り読んだものだ。わたしは小脇に金芝河とヘルダーリンと李賀を抱えていたものだが、この組み合わせの意味は当時まだ、よくわかっていたとはいい難い。そして金芝河は、まぎれもなくわたしにとっての英雄であった。

だが民主化運動時代のもうひとつの巨大な記号、金大中《キムデジュン》が一九九八年に政権の中枢につき保守化してかつての栄光を喪ったのよりもずっと早く、金芝河は一九九一年にすでに栄光を喪っている。この年の「姜慶大政局」にからんで金芝河は、反体制運動側の若者が相次いで焼身自殺などによっていのちを落とすのを見かね、『朝鮮日報』

という保守の牙城の媒体に拠って「若者よ、死に急ぐな」と語ったのである。わたしはこのときソウルに暮らしていて、金芝河のこの文も新聞が配達されるや貪り読んだのだが、まさにその臨場感たるや、文というのはこのようにして現実となるのだ、ということがまざまざとわかった。紙にインクで印刷された文字が、読まれるその場からジャーッという轟音を立てて現実になってゆくのである。新聞を片手に大学に駆けつけると、昂奮した友人たちは、「金芝河は死んだ」と口々に泡を飛ばしていたものである。この一文により金芝河という記号は一転、反動保守の烙印を押され、歴史の闇に葬り去られることになったのである。

金芝河はしかしそのような「運動」側の朱子学的な「黒白論理」に屈する男ではなかった。もしかするとそこに彼の成長があったのかもしれない。なぜならかつての彼もまた、劇しい黒白論理で敵を攻撃する朱子学的魂の権化であったからだ。

その後の彼は、小さなくくりでいえば環境運動、大きな枠組みでいえば思想運動に邁進することになる。もともとの彼自身が本質的に政治運動家ではなかったことも、「運動」側の狭小な視野に訣別した遠因となっている。金芝河は多分にナショナリスティックかつポストモダンな「生命」「律呂《ユルリョ》」運動という思想の展開に全精力を注ぐことになる。

一九九四年の晩秋、日本の雑誌『世界』の編集者とともに金芝河の家を訪ねたことがある。戦後五十年のくぎりに、金芝河はなにを考えているのか、知りたかったのである。彼はソウル郊外の新都市アパートに住んでいた。静かで清潔で穏やかな部屋だった。目の前に座るかつての英雄は、劇しくも柔和な二律背反的な表情をしていた。東学と華厳《けごん》の思想を中心に、現代フランス思想も融合させて、東アジアの新しい秩序について彼は語った。その後彼の書いてくれた原稿の翻訳のために、わたしはその冬、彼の家に何度も足を運んだ。一語一語の思想的意味を何時間もかけて全精力を尽くして説明してくれた。その濃密な時間は、いまでもわたしの記憶の宝である。

金鶴泳

金鶴泳《キムハギヨン》（一九三八―八五）を知るひとはもう、そう多くはない。しかしある種伝説的なこの小説家が自殺したのはいま（二〇〇六年）からたった二十一年前であるから、もっと多くのひとが金鶴泳を読んだり語ったりしてもよさそうなものだ。ところがこの作家にまつわる陰惨なほど「暗い」イメージが、ひとびとの安易な接近を拒んでしまっている。

今回『土の悲しみ　金鶴泳作品集Ⅱ』（クレイン）を読み、わたしはしかし、この作家の小説が「暗い」というのは嘘だと思った。作家はたしかに暗い。日暮れると不安に押し潰されるのでそれから逃げるため、西荻窪の酒場に出かけてひとりウイスキーを飲みながら「苦しい、本当に苦しい」と泣いている。しかしその暗い作家の書く小説は、むしろ明るいと、わたしは感じた。

明るい。といって語弊があるなら、澄明あるいは透明。

金鶴泳は一九三八年に在日朝鮮人二世として群馬県に生まれる。東京大学工学部工業化学科を卒業し、同大学化学系大学院博士課程在学中の一九六六年に、「凍える口」が文芸賞を受賞して文壇デビュー。その後「冬の光」「鑿」「夏の亀裂」「石の道」が芥川賞候補になったが、一九八五年、郷里の実家で自死する。享年四十六歳。

彼は吃音者の朝鮮人であり、彼の育った家庭は父親のとめどない狂乱的暴力に支配されていた。彼自身、この世間に適応できず、「ジサツ、ジサツ」と呟きながらかろうじて生きている。金鶴泳はそのことを執拗に描く。ほぼそのことだけを一生、書き続けたといってもよい。

だから当然、その小説世界は暗くじめじめした陰性のものとなる。わたしが金鶴泳を好きなのも、この陰性のためであった。しかしこれまで単行本に収録されず、本書で初めて読むことができた初期の「緩衝溶液」などがその典型的な例なのだが、どうも金鶴泳の世界は、その暗さが、「明るい暗さ」なのであった。それはなぜか。

ひとつはやはり、金鶴泳の「化学的」資質のためであるような気がする。彼が東大で化学をやったことは夙《つと》に有名で、その文学世界を化学という方法論とリンクさせて論じられもした。自分ではなにか強い内的必然性があって化学を専攻に選んだのではないと語っているが、やはり金鶴泳と化学は、なんらかの親和力があったのだと思いたい。というのは、彼の小説は、若い男女のせつない純愛物語に突然、「在日朝鮮人」の問題や「南北分断」の問題が出てきて、それまでのしっとりとした浪漫的世界がだしぬけにごつごつとした亀裂的世界に変貌したりするのだが、それらの完全に異質な世界を、うまくケミストリーさせようと粉骨砕身する。「弾性限界」のようにうまくいっている作品もあれば、「緩衝溶液」や「遊離層」などのようにケミストリーがうまくゆかず、あたかも異質な物質が互いに混じり合うことを拒絶したままになっている作品もある。しかし後者も失敗作とはいえない。それぞれの世界があまりにも潔癖で純粋なものだから、妥協して混じり合わないほうがむしろ自然であると思わせてしまう、そのような明るい力が、金鶴泳の筆にはある。

そしてもうひとつは、時代のためであろう。金鶴泳は、在日朝鮮人の苦悩、家庭内暴力の恐怖、吃音者の屈辱と孤独、失恋の底なしの喪失感、生きることとの根源的苦痛などを執拗に書いたが、それらの諸問題が、「問題」として、美しく透明に、そこにあるのである。つまりアイデンティティの問題や、「かくあるべき」家庭や人間関係や恋愛といったものが、金鶴泳の時代にはかろうじてまだ存在した。その時代背景の中で、とりわけまっすぐな金鶴泳は、それらの枠組みや「かくあるべし」のいずれにも属すまいという「あいまいさ」を生きることを吃音的に実践し、その結果、極めて潔癖に悲しみを純粋結晶させるのに成功している。むしろそのような枠組みの解体してしまった現在の小説家たちの作品のほうが、ずっと救いがたく暗く感じられる。最近の芥川賞受賞作や話題作を思い出してみても、その描かれる世界の暗さは目を覆うほどだ。ことばをつむぐという行為にまつわる苦悩やアイデンティティをめぐる懊悩とは一切無縁で、ただひたすらのっぺりとした相対的日常が描かれているだけだ。他者のいない空間をぐるぐる回っているだけなので、それらの遊戯的世界は明るいようでいて、実はひたすら暗い。

それに比べると、金鶴泳の世界はむしろ澄明に感じられる。他者だらけの世界、それらの他者がすべてアイデンティティの固定化を強要してくる世界、その中で、金鶴泳は安易にどのアイデンティティにも属することをせず、つまりあらゆる政治的なふるまいを拒否し、ただただ「土の悲しみ」を抱いてことばを発しようとする。自らのことばの土台が揺らぎに揺らいで、それでもなお確固たる安住の地を求めず、その揺らぎの中で吃音的な愛の世界にひきこもろうとした凜然たる姿勢が、そこにはある。

金鶴泳はあじさいの花が好きだった。陰鬱な梅雨の空気の中で優雅に咲くあじさいの花のように、金鶴泳の世界はせつなく、美しく、強いと思う。

新書版　謝辞

まずわたしは、わたしの〈アナザー〉、すなわちわたしの分身に感謝せねばならぬ。

こいつは、わたしが生まれて初めて韓くにの地を踏んだ瞬間から、あるいはわたしを揶揄するかのように嗤《わら》いつつ、あるいは氷のように顔を強《こわ》ばらせながら、わたしにまとわりつくかのごとく、顔を現わしては消えるのだった。こいつの正体をつきつめようとわたしがソウルの底を駈けずりまわるうちに、いつしか歳月は深雪《みゆき》の積もるがごとく、深々と積もっていた。

こいつがわたしに鬼ごっこを挑んでいるからわたしは韓くににかかわっているのか、それともわたしが韓くににかかわっているからこそ、このいまいましくも生意気な〈アナザー〉がわたしを虜《とりこ》にするのか。

知らぬ。

いずれにせよわたしにとって、韓くにと韓くにのことばとにかかわるということは、この〈アナザー〉にかかわるということでもあった。

本書には、十数年も前にわたしが初めてわたしの分身に出会った頃の文も、収めてある。それらは極めて私的な記録であり、本来は小説や随筆などの形式で発表すべきものであったかもしれぬ。その意味で、わたしは本書の担当者、筑摩書房の鎌田理恵氏に感謝しなければならぬ。

外国語の入門書としてはやや異色ともいえる、私的で感性的なこれらの文が、『韓国語はじめの一歩』という本としてふさわしいか否か。そこのところを鎌田さんは、果敢に判断してくださった。

また、わたしにこの『はじめの一歩』シリーズの韓国語版を書く機会を与えてくださった、筑摩書房の井崎正敏氏に、感謝する。このひとに会えばつねに、「汝はもっと世界と対決せよ」と促されるかのようである。

井崎氏をわたしに紹介してくださったのは、筑波大学の古田博司氏である。わたしがこのひとから学んだことは多いが、最も重要なのは、対象に相向かう真の〈倫理的姿勢〉とはいかなるものか、ということである。

さて、本書の文のうち半分ほどは、一九九三年から九五年にかけて、アシアナ航空の機内誌『ＡＳＩＡＮＡ』に書いたものである。アシアナ航空及び編集作業を行なったアン・グラフィックス（韓国）の皆さんに感謝する。

特に第五章（本書では第四章）はソウルで料理に人生を賭けている三人にインタビューしたものだ。年齢などは雑誌掲載時（一九九四年一月〜四月）のままである。

また第六章（本書では第五章）はソウルという京《みやこ》の話だが、これも情報は雑誌掲載時（一九九四年七月—十二月）のままであるので、やや古くなっているやもしれぬ。

最後に、文字について。

わたしは文字が好きだ。美しい文字が好きだ。

無機質なコンピュータの印字を製本したようなタイポグラフィの本が多い中で、本書の印刷をされた精興社の独特な美しい文字は、わたしの偏愛の対象であり、わたしの文がいまこの文字で印刷されたことに、たとしえのない幸せを感じる。

わたしは高校一年生の頃からずっと、旧かな・旧漢字で文を書いている。いまでも私的な通信や同人誌に載せる文は、旧かな・旧漢字であるが、それ以外に公に発表するときは無論、新かな・新漢字に直さなくてはならない。

現在の日本で横行しているかなづかい、漢字づかい、そして文字のかたち……これらすべてが、無粋で色気のない唾棄すべきものに、わたしには思える。

少年の頃、リラダンや鏡花や谷崎を読み耽りつつ、その内容だけでなく古い本の手ざわり、紙の匂い、文字の稠密《ちゅうみつ》な美しさと色気に酔った、あのような贅沢はもう永遠にできないのだろうか。

いつの日か、旧かな、旧漢字で美しい文字の本を書くことができれば……というのが、わたしのひそかな夢なのである。

一九九九年十二月

小倉紀蔵

文庫版あとがき

小さい本が好きである。理想的には、六センチ×四センチくらいの本がいちばんいいかな。根拠はないけど。しかしそんなちっぽけな本は一般向けには売れないだろうな、とは思う。ドイツのレクラム文庫とはまた微妙に異なったサイズの日本の文庫本が、やはりいい。前近代から戦前までは、袖珍本《しゅうちんぼん》という豆本があって、『論語』とか『中庸』などという古典を小さな小さな本に収めて袖の中に入れて携帯したものだ。その伝統があったので、文庫本という小さな本がはじめてつくられたときも、ひとびとからすんなりと受け入れられた。日本の文庫本は、単なるレクラムの真似ではない。

文庫本は、絶妙な大きさ（小ささ）を持っている。自然に、ではなく、意志的にこの小ささを持って生きているかのようだ。そのサイズのあまりの絶妙さにあたまがくらくらする。こじんまりして、手になじみ、ポケットになじみ、コーヒーになじみ、街になじみ、店になじみ、旅になじむ。静止状態になじみ、速度になじみ、加速度にもなじむ。

だがわたしは職業としては人文学系の学者なので、ふだんわたしの身のまわりにあるのは、分厚くて立派な「学術書」ばかりである。膨大な学術書どもに埋もれながら自分の座るスペースだけをかろうじて確保しているといった状態だ。よくいわれることだが、本というのはよほど気をつけていないと鼠のようにたくさん子どもを産んで、あれよあれよという間に増えていく。無節操に増えていく学術書たちとのあいだで、居場所の確保のために日々サバイバルの熾烈な競争を繰り広げているのが、すべての人文学系の学者の生態である。この競争に勝利して高笑いした学者というものを、寡聞にして知らない。

学術書というのは、どれもこれも六百頁も八百頁もあって、硬い表紙に護られている。おまけに鎧のような匣《はこ》にはいっているものも多い。自分だけで机の上に立てないような学術書は、自立できていないのだからダメである。いざというときに武器にもなれないようなのも、ダメといえる。

そういうたぐいの本は、堂々としている。いかにも威厳がありそうで、中身には大変高尚で重厚なことが書いてあるような風貌をしている。風貌をしているだけではない。実際、看板にいつわりのない学術書のほうが多いことは、わたしも経験上よく知っている。このことは、学術書の名誉のために、ぜひ語っておかねばならないことだ。

だがわたしは、どうも苦手なのだ。「中身が立派でないから外見でつくろってみよう」というのは論外だが、「中身が立派だから外見も立派であるべきだ」という考え方が、苦手である。そもそも「立派」という形容詞がイヤだ。しかしそういうわたしも職業柄、重たい本を何冊も出している。学界の風習だからしかたがないのだ、と言い訳をしてみるが、忸怩《じくじ》たる思いは消えない。

とにかくわたしがいいたいことは、「韓くにについて三十年近くも前に書いたエッセイが、こうしていま、ちくま文庫になったことがうれしい」ということなのである。

＊

本書の前半（第Ⅰ部）のもとになっているのは、ちくま新書の『韓国語はじめの一歩』（二〇〇〇）である。これは（自分でいうのも変だが）実にとんでもない本で、タイトルはなにか初心者や入門者が一から韓国語の基礎を学習するための本、あるいはすくなくともその助けになる本であるかのような印象を与える。というか、それ以外の情報を全然与えない。

しかし残念ながら（と自分でいうのも変なのだが）、この本における「韓国語に関する説明」の部分は少なく、多くのページは韓くにに関する（自分でいうのも変なのだが）しっとりとした粋な文章のエッセイだった。

看板と内容にあからさまな乖離のある本だった。しかしわたしは、そのとき、この本を書かなくてはならないという切羽詰まった思いを持っていた。その思いを受けとめて奇妙な新書をつくってくださった、当時の編集者の鎌田理恵さんに感謝したい。

本書の後半（第Ⅱ部）は、韓くにの文化に関して書いたエッセイの中から選んで、編集したものである。

『韓国語はじめの一歩』は早くに絶版になって、ちくま文庫で復刊という話もあった。だが三和書籍の編集者の方がこの本の文章を気に入られて、同社から復刊するということで進めていた。しかしこの計画が立ち消えになり、再びちくま文庫に入れていただくという話になった。二転、三転したことになるが、いまこうして昔書いた文章がもういちど日の目を見るというのは格別にうれしいことである。特に、ここに書いた文章のような密度の濃い韓国エッセイは、いまのわたしにはもう書けないのだから。

文庫化に際して、編集者の河内卓さんに大変お世話になった。ここに感謝したい。

二〇二二年十一月　京都深草にて

小倉紀蔵

初出一覧

本書は『韓国語はじめの一歩』（ちくま新書、二〇〇〇年）をもとにしています（一部、収録しなかった文章もあります）。それに増補した文章の初出は以下の通りです。

第一章　ハングルという文字

「ハングルのエロティシズム」『週刊朝日百科　世界100都市　ここに行きたい　005　ソウル』朝日新聞社、二〇〇一年

第二章　韓くにのひとと暮らし

「学歴至上主義」（原題「学歴至上主義と韓国人のこころ」）『韓タメ！BOOK』扶桑社、二〇〇九年

「麺――クッス」『It's KOREAL』二〇〇五年四月号、オークラ出版

第六章　韓くにのこころ

「エロティシズムとしての韓国」『異文化はおもしろい』講談社選書メチエ、二〇〇一年

「男子の美」（原題「男子性…韓国における男の粋と美」）『ASIANA』一九九五年三月号、ア

シアナ航空（その後『心で知る、韓国』岩波書店、二〇〇五年に収録）
「男らしさの陰影」（原題「韓国男児はやはり男らしいか」）『韓タメ！BOOK』扶桑社、二〇〇九年
「自殺」（原題「韓国人にとっての自殺」）「東京新聞」二〇一〇年七月二十三日夕刊
「韓くにの匂いと死」（原題「韓くにの匂ひと死」）『ちくま』二〇〇〇年三月号（その後『心で知る、韓国』岩波書店、二〇〇五年に収録）
「霊が社会をつくる——『哭声』」『哭声／コクソン』（配給：クロックワークス）プログラム、二〇一七年
「白と黒の「ハン」」『親切なクムジャさん』（配給：東芝エンタテインメント）プログラム、二〇〇五年

第七章　韓くにの文学

「永生する朝鮮詩神のたましい」『ASIANA』一九九五年八月号、アシアナ航空
「あわいとしての韓くにことば」（原題「あわいとしての朝鮮語」）『言葉のなかの日韓関係』徐勝・小倉紀蔵編、明石書店、二〇一三年
「支配の複雑性と、根源的な抵抗——趙明熙」書き下ろし
「金芝河」『韓国学のすべて』古田博司・小倉紀蔵編、新書館、二〇〇二年
「金鶴泳」（原題「Book Review『土の悲しみ　金鶴泳作品集Ⅱ』」）『論座』二〇〇六年八月号、朝日新聞社

ちくま文庫

韓《から》くに文化《ぶんか》ノオト
——美《うつく》しきことばと暮《く》らしを知《し》る

二〇二三年一月十日　第一刷発行

著　者　小倉紀蔵（おぐら・きぞう）

発行者　喜入冬子
発行所　株式会社　筑摩書房
東京都台東区蔵前二—五—三　〒一一一—八七五五
電話番号　〇三—五六八七—二六〇一（代表）
装幀者　安野光雅
印刷所　株式会社精興社
製本所　株式会社積信堂

ISBN978-4-480-43835-5　C0195